신심명 강설
지혜로운 삶2

우학스님의 신심명 강설, **지혜로운 삶2**

―
2013년 2월 15일 초판 발행
2013년 2월 20일 초판 1쇄
―
글   無一 우학 스님
녹취   이상희(128), 다음카페 불교인드라망 기자단
교정   보련화(호주 시드니도량)
사진   은빛여우(포토매니아)
―
펴낸곳 도서출판 좋은인연 (한국불교대학 부속 출판사)
       편집 / 김현미 김소애 손영희 모상미
       등록 / 제4-88호
       주소 / 대구 남구 봉덕3동 1301-20
       전화 / 053-475-3707~6 팩스 / 472-6268
       홈페이지 / www.TVbuddha.co.kr
―
ISBN 978-89-93040-42-5(04220)
정가 11,000원

＊도서출판 좋은인연에서는 해외포교를 위하여 영어번역 봉사하
  실 분을 모집합니다.
＊잘못된 책은 구입처에서 교환해 드립니다.

신심명 강설
지혜로운 삶 2

無一 우학 스님

지혜로운 삶 2

" 一卽一切 一切卽一, 하나가 곧 일체요, 일체가 곧 하나이니라 "

無信不應
믿음 없으면 응답 없다

佛心

신심명 강설
『지혜로운 삶』을 내면서

　시골에서 장손으로 태어나 출가하는 일은 그리 쉽지 않았다. 행자 생활 중에도 가족 및 친척들이 찾아와 집으로 돌아가자며 몹시 성가시게 했다. 대중 스님 및 동료 행자들 보기에도 민망스럽고 난감할 지경이었다.
　그렇지만 출가는 분명한 나의 길이었다. 중, 고등학교 시절부터 나는 가까운 지인들에게 출가하겠다는 말을 간간이 흘렸다. 그것은 틀림없는 전생부터의 불연佛緣이었다. 출가를 해서 좀 더 큰 삶을, 좀 더 자유로운 인생을 구가해야겠다는 나의 의지는 날이 갈수록 점점 더 굳어졌다.

　드디어, 대학에서 한의학을 공부하던 중 세속의 모든 것을 접고 출가를 결행하였다. 그렇지만 장손의 인연은 끈질겼

다. 칠십이 넘으신 호호백발의 할머니께서 통도사까지 찾아오시어 '내 제사는 장손이 지내야 되지 않느냐'고 다그쳤다.

나는, 찾아오는 사람들을 피해 당분간 작은 암자로 피신하기도 하였지만 끝내는 스님이 되었다.

어렵사리 절 집안에 살다보니, 마음 바탕에는 늘 '정말 열심히 해야겠다'는 생각이 있었다. 빠른 시간 안에 어떤 성과를 내지 못하면 세속의 가족과 문중에 큰 죄를 짓겠다는 강박관념이 나의 심신을 옥죄었다. 그래서 스님이 된 이후 나의 진로는 갈팡질팡하였다.

'오직 도道'를 찾아 헤매었다…. 도! 도! …

당시의 관행대로 먼저 강원을 기웃거리다가 만족하지 못하고 곧 뛰쳐나왔다. 다음, 불교대학에 들어가 나름대로 용심하였으나 그곳에서도 내가 원하는 답을 얻지 못하고 1학년 도중에 휴학하였다.

다시, 통도사 주지로 계시던 은사 스님을 시봉하다가 송광사 대중 선방인 수선사修禪社로 향했다.

당시 송광사는 중창불사로 살림이 매우 궁핍하였다. 그러나 마음공부를 해 보겠다는 대중들이 유례없이 많이 모여들어서 공양하는 큰 방이 비좁았다. 옆 사람과 무릎을 겹쳐 앉아 겨우 한 술 밥을 뜰 정도였는데 나오는 반찬조차 아주 성글었다. 두부전 한 조각도 그리 귀하고 고마웠다. 하지만 외국인 스님들도 많아서 공부 분위기는 매우 좋았다.

그때, 송광사 방장 스님께서 '소참법문'으로 약 한 달간 매일같이 1시간씩 강의해 주시던 내용이 신심명이었다. 생전 처음 접하는 신심명이었지만 간결하고 분명한 말씀에 많은 감화를 받았다. 나름대로 큰 공부가 되었다.

가족에 대한 미안함과 공부에 대한 열정이 가득하던 시절의 신심명! 나에게는 더없이 소중하고 은혜로운 말씀들이었다.

이러한 깊은 인연을 바탕으로 후일 본인이 직접 신심명 강의를 하게 되었는데, 여기 이 신심명 강의집 『지혜로운 삶』은 5년 정도에 걸쳐서 완성되었다. 선방에서 나와 한국불교대학 大관음사에서 해제 법문 삼아 몇 구절씩 하다 보니 시간이 길어졌다.

이 책은 녹취하였다. 때문에 현장감이 있다고 보인다. 내용을 이해하는 데도 오히려 장점이 될 것 같다는 생각이 든다.

이 책 출간에 관계하신 모든 분들께 깊은 감사를 드리며, 독자 여러분들에게도 인연 공덕의 감사를 드립니다.

불기 2557년 한국불교대학 大관음사 정진실에서
無一 우학 합장

차례

머릿말
008

I

신심명 전문
017

Ⅱ
신심명 강설
023

일여체현 올이망연 만법제관 귀복자연
024

민기소이 불가방비 지동무동 동지무지
036

양기불성 일하유이 구경궁극 부존궤칙
045

계심평등 소작구식 호의정진 정신조직
053

차례

일체불류 무가기억 허명자조 불로심력
063

비사량처 식정난측 진여법계 무타무자
092

요급상응 유언불이 불이개동 무불포용
121

시방지자 개입차종 종비촉연 일념만년
143

무재부재 시방목전 극소동대 망절경계
169

극대동소 불견변표 유즉시무 무즉시유
199

약불여차 불필수수 일즉일체 일체즉일
234

단능여시 하려불필 신심불이 불이신심
249

언어도단 비거래금
274

지혜로운 삶2

I
신심명 전문全文

至道無難이요 唯嫌揀擇이니 但莫憎愛하면 洞然明白이로다
지도무난   유혐간택   단막증애   통연명백

毫釐有差하면 天地懸隔하나니 欲得現前이든 莫存順逆하라
호리유차   천지현격   욕득현전   막존순역

違順相爭이 是爲心病이니 不識玄旨하면 徒勞念靜이로다
위순상쟁   시위심병   불식현지   도로념정

圓同太虛하여 無欠無餘어늘 良由取捨하여 所以不如라
원동태허   무흠무여   양유취사   소이불여

莫逐有緣하고 勿住空忍하라 一種平懷하면 泯然自盡이라
막축유연   물주공인   일종평회   민연자진

止動歸止하면 止更彌動하나니 唯滯兩邊이라 寧知一種가
지동귀지   지갱미동   유체양변   영지일종

一種不通하면 兩處失功이니 遣有沒有요 從空背空이라
일종불통   양처실공   견유몰유   종공배공

多言多慮하면 轉不相應이요 絶言絶慮하면 無處不通이라
다언다려   전불상응   절언절려   무처불통

歸根得旨요 隨照失宗이니 須臾返照하면 勝却前空이라
귀근득지   수조실종   수유반조   승각전공

前空轉變은 皆由妄見이니 不用求眞이요 唯須息見이라
전공전변   개유망견   불용구진   유수식견

二見不住하고 愼莫追尋하라 纔有是非하면 紛然失心이니라
이견부주   신막추심   재유시비   분연실심

二由一有니 一亦莫守하라 一心不生하면 萬法無咎니라
이유일유   일역막수   일심불생   만법무구

無咎無法이요 不生不心이라 能隨境滅하고 境逐能沈하며
무구무법   불생불심   능수경멸   경축능침

境由能境이요　能由境能이니　欲知兩段인댄　元是一空이라
경 유 능 경　　능 유 경 능　　욕 지 양 단　　원 시 일 공

一空同兩하여　齊含萬象이로다　不見精麤어니　寧有偏黨가
일 공 동 양　　제 함 만 상　　불 견 정 추　　영 유 편 당

大道體寬하여　無易無難이어늘　小見狐疑하여　轉急轉遲로다
대 도 체 관　　무 이 무 난　　소 견 호 의　　전 급 전 지

執之失度라　必入邪路요　放之自然이니　體無去住니라
집 지 실 도　　필 입 사 로　　방 지 자 연　　체 무 거 주

任性合道하여　逍遙絶惱하고　繫念乖眞하면　昏沈不好니라
임 성 합 도　　소 요 절 뇌　　계 념 괴 진　　혼 침 불 호

不好勞神하면　何用疎親가　欲趣一乘인댄　勿惡六塵하라
불 호 로 신　　하 용 소 친　　욕 취 일 승　　물 오 육 진

六塵不惡하면　還同正覺이라　智者無爲어늘　愚人自縛이로다
육 진 불 오　　환 동 정 각　　지 자 무 위　　우 인 자 박

法無異法이어늘　妄自愛着하여　將心用心하니　豈非大錯가
법 무 이 법　　망 자 애 착　　장 심 용 심　　기 비 대 착

迷生寂亂이요　悟無好惡이니　一切二邊은　良由斟酌이로다
미 생 적 란　　오 무 호 오　　일 체 이 변　　양 유 짐 작

夢幻空華를　何勞把捉가　得失是非를　一時放却하라
몽 환 공 화　　하 로 파 착　　득 실 시 비　　일 시 방 각

眼若不睡하면　諸夢自除요　心若不異하면　萬法一如니라
안 약 불 수　　제 몽 자 제　　심 약 불 이　　만 법 일 여

一如體玄하여　兀爾忘緣이어다　萬法齊觀에　歸復自然이니라
일 여 체 현　　올 이 망 연　　만 법 제 관　　귀 복 자 연

泯其所以하여　不可方比라　止動無動이요　動止無止니
민 기 소 이　　불 가 방 비　　지 동 무 동　　동 지 무 지

兩旣不成이라　一何有爾리요　究竟窮極은　不存軌則이요
양 기 불 성　　일 하 유 이　　구 경 궁 극　　부 존 궤 칙

契心平等하여　所作俱息이로다　狐疑淨盡하면　正信調直이라
계 심 평 등　　소 작 구 식　　　호 의 정 진　　정 신 조 직

一切不留하여　無可記憶이로다　虛明自照하여　不勞心力이라
일 체 불 류　　무 가 기 억　　　허 명 자 조　　불 로 심 력

非思量處라　　識情難測이로다　眞如法界엔　　無他無自라
비 사 량 처　　식 정 난 측　　　진 여 법 계　　무 타 무 자

要急相應하면　唯言不二로다　　不二皆同하여　無不包容하니
요 급 상 응　　유 언 불 이　　　불 이 개 동　　무 불 포 용

十方智者가　　皆入此宗이라　　宗非促延이니　一念萬年이요
시 방 지 자　　개 입 차 종　　　종 비 촉 연　　일 념 만 년

無在不在하여　十方目前이로다　極小同大하여　忘絶境界하고
무 재 부 재　　시 방 목 전　　　극 소 동 대　　망 절 경 계

極大同小하여　不見邊表라　　　有卽是無요　　無卽是有니
극 대 동 소　　불 견 변 표　　　유 즉 시 무　　무 즉 시 유

若不如此인댄　不必須守니라　　一卽一切요　　一切卽一이니
약 불 여 차　　불 필 수 수　　　일 즉 일 체　　일 체 즉 일

但能如是하면　何慮不畢가　　　信心不二요　　不二信心이니
단 능 여 시　　하 려 불 필　　　신 심 불 이　　불 이 신 심

言語道斷하여　非去來今이로다
언 어 도 단　　비 거 래 금

僧璨大師
승 찬 대 사

지혜로운 삶2

II
신심명 강설

25

한결같음은 본체가 현묘하여 올연히 연을 잊느니라.
만법이 다 현전함에 돌아감이 자연스럽도다.

一如體玄일여체현하여　兀爾忘緣올이망연이어다
萬法齊觀만법제관에　歸復自然귀복자연이니라

一如體玄일여체현　兀爾忘緣올이망연
한결같음은 본체가 현묘하여 올연히 연을 잊느니라.

　　　　일체만법이 여여하다는 것은 그 본체가 현묘玄妙하기 때문입니다. 현묘한 본체는 참으로 알 수 없는 가운데 분명히 알고, 전할 수 없는 가운데 분명히 전하는 것이 불교의 묘법이니, 이것이 참으로 현묘한 이치인 것입니다. 그리고 올연히 연을 잊었다 함은 생멸 인연이든 생멸 인연이 아니든 모든 인연을 다 잊어버렸다는 말입니다.
　　위 문장에서 올연兀然의 사전적 뜻은 '홀로 우뚝한 모양' 입니다. 즉 오똑하다, 당당하다는 의미가 있다고 보시면 됩니다. 본체는 참자아, 주인공을 뜻하고, 연은 조건을 말하지요. 또한 현묘는 그윽하고 깊다는 뜻입니다. 내용이 아주 어렵지만 여기서 직접적으로 가르치고 있는 것은 조건에 의해서도 변하지 않는 그 무엇이 있다는 것입니다. 흔히 모든 것은 조건에 의해서 변한다고 생각하지만 변하지 않는 그 무엇이 있으니 바로 이것이 본체이지요. 본체는 인과의 질서에 의하지 않고 당당한 그 무엇으로 언제까지나 한결같고 언제까지나 변함이 없습니다. 본체가 그러합니다.

반면 우리는 살면서 여러 가지 조건에 의해 내 마음자리가 흔들립니다.

예를 들어 누가 나를 칭찬하는 말을 들으면 기분이 좋아지는데, 이것은 칭찬이라고 하는 조건에 의해서 기분이 좋아지는 것이죠. 또 보고 싶은 친구가 찾아왔어요. 보고 싶었던 친구를 만나니 얼마나 기쁘겠어요. 이때는 친구가 찾아 왔다는 사실이 조건이 됩니다. 반대로 누가 나를 업신여기면 그것이 조건이 되어 기분이 나빠집니다. 몇 날 며칠 비가 오면 대부분의 사람들은 슬퍼하거나 우울해 합니다. 이때는 날씨가 조건이 되는 거지요. 밥을 굶고 잠을 잤더니 밤새 먹는 꿈을 꾼다든가, 만나고 싶은 사람을 만나지 못해서 밤새 찾아다니는 꿈을 꾼다든가 하는 것은 밥을 먹지 못한 것과 만날 사람을 만나지 못한 것이 조건이 됩니다.

이처럼 우리 범부 중생들은 조건에 의해서 감정이 일어나고 변하지요. 그런데 어떤 조건에 의해서도 전혀 흔들림 없는 그런 자리가 있습니다. 바로 참자아의 자리, 주인공의 자리, 영원한 자리입니다.

"비방과 칭찬에 흔들리지 않는 사람이 돼라. 비방과 칭찬 속에도 흔들리지 않는 그 사람이 보살이고 깨어 있는 사람이다."

『법구경』의 이 한 구절처럼 비방과 칭찬이라는 조건에 전혀 흔들리지 않는 사람이 바로 보살이며 이 보살의 자리가 바로 위에서 말하는 참자아의 자리이자 주인공의 자리인 것입니다.

『금강경』에 '유위법有爲法'이라는 말이 있는데 분별이나 조건에 의해서 생기는 모든 현상을 말합니다. 그런데 이 조건에 의해서 생기는 것은 그리 걱정할 게 못됩니다. 왜냐하면 조건에 신경 쓰지 않으면 그만이기 때문입니다. 우리가 추구하는 것은 그런 구차한 조건 따위가 아닙니다. 그러니 조건 때문에 내 자신이 흔들릴 이유가 없지요.

조건 없는 사랑을 베푸는 것을 우리는 무연자비無緣慈悲라고 말하지요. 이때의 무연無緣의 뜻은 '조건 없다'입니다. 조건 없이 사랑을 베푸는 무연자비행無緣慈悲行을 하는 분 중에서 가장 대표되는 분이 바로 관세음보살입니다. 말 그대로 조건 없는 사랑을 베푸시는 분 관세음보살님, 이렇게 말할 수 있는 것이지요. 중생이 말을 잘 듣든, 말을 잘 안 듣든 어떠한 조건에 따라 사랑을 베푸시는 게 아니라 말 그대로 무조건적 자비를 베푸신다는 말이지요.

그래서 조건 없이 유일하게, 조건 없이 올연히 솟아 있는 그 자리가 있는데 바로 우리가 말하는 독좌대웅봉獨坐大雄峰인 것입니다. 독좌대웅봉은 홀로 대웅의 봉우리에 앉아 있다, 이런 뜻이지요. 석가모니 부처님께서 '천상천하天上天下 유아독존唯我獨尊, 하늘 위 하늘 아래에서 나 홀로 높노라'고 하셨는데 이때 '나'의 자리가 바로 그런 자리입니다. 완전의 자리, 완전의 세계에 노니는 자리, 그 어떤 경우에도 변함이 없는 자리, 그 어떤 경우에도 변함이 없는 나, 한결같은 자리, 한결같은 나, 밝고 밝은 자리입니다. 그리고 이 자리가 여기서 말하는 본체의 자리요 나의 자리지요. 그래서 한결같다, 조건을 다 잊었다고 말하는 것입니다.

선문에서는 이 본체를 '일물一物'이라고도 합니다. 재를 지낼 때 스님들이 하는 염불 중에 '일심봉청一心奉請 생종하처래生從何處來 사향하처거死向何處去 생야일편부운기生也一片浮雲起 사야일편부운멸死也一片浮雲滅 부운자체본무실浮雲自體本無實 생사거래역여연生死去來亦如然 독유일물상독로獨有一物常獨露 담연불수어생사湛然不隨於生死'라는 구절이 있습니다. 이는 떠도는 영가들을 청하는 고혼청으로 '일심으로 청하온 영가여! 남이란 온 곳 어디며, 죽음이란 갈 곳 어딘가? 남이란 한 조각구름이 모임이요, 죽음이란 한 조각구름이 흩어지는 것이니 나고 죽는 인생사 그와 같도다. 그러나 한 물건 홀로이 남아, 나고 죽음에 걸림 없어라' 이런 말입니다.

이때 '독유일물상독로, 한 물건 홀로이 남아'의 일물一物이 바로 본체입니다. 삶이란 한 조각구름이 일어나는 것이요, 죽음이란 한 조각구름이 스러지는 것이라, 죽고 사는 것이 그러하지만 죽고 사는데 걸림이 없는 한 물건, 언제나 그 자리를 지키는 한 물건이 있으니 그 자리가 바로 참자아의 자리인 것입니다.

그러한 조건에 의해서 절대 흔들림 없는 그 자리, 너무나 분명하고 밝은 그 자리를 지키려고 우리는 애를 씁니다. 그래서 참선이 필요하고 기도가 필요하고 수행이 필요한 것이지요. 여간 해서는 이룰 수도 지키기도 힘든 그런 자리입니다. 그러니 참선도, 기도도, 수행도 꾸준히 해야 하는 것입니다.

  가슴을 방망이질하며
  어디까지라도 따라올 것 같았던
  늦은 오후 업장의 긴 그림자는
  일주문 큰 그늘에 가려서 지워졌다.

이제 깡마른 모양 이대로

홀가분하게

서 있게 됐다.

『길손여행』 출가, 無一 우학

'깡마른 모양 이대로 홀가분하게 서 있게 됐다' 하는 이 문장이 핵심입니다. 조건을 잊는다는 말과 대비해서 한 번 음미해 보시기 바랍니다.

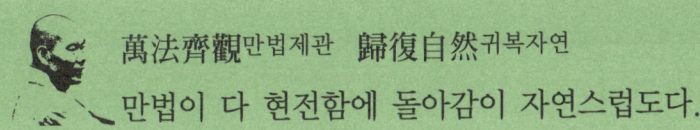

萬法齊觀만법제관　歸復自然귀복자연
만법이 다 현전함에 돌아감이 자연스럽도다.

　　　　만법은 모든 현상 또는 만 가지 존재를, 현전은 눈앞에 드러나다는 뜻입니다. 귀복은 돌아가다는 뜻인데 돌아감이 자연스럽다는 말은 결과가 그대로 나타나더라는 의미입니다. 이는 온갖 존재가 내 눈앞에 드러나는데 가만히 보니 그 결과가 극히 자연스럽더라는 겁니다.
　생각해 보세요. 세상에 나타나 있는 그 모든 것 중 억울하게 존재하는 것은 하나도 없습니다. 다 있어야 할 자리에 딱, 딱 있게 되어 있습니다. 그리고 자기 불성의 크기만큼 드러나 있습니다. 일체중생一切衆生 개유불성皆有佛性, 모든 중생에게 다 불성이 있다고 하였는데 바로 이 불성의 크기만큼 드러나 있는 것입니다. 이 불성은 자비와 지혜 같은 거죠. 축생은 축생이 가지고 있는 불성만큼, 사람은 사람이 가지고 있는 불성만큼 존재하는 겁니다. 사람들 면면히 사는 모습을 보고 그 사람의 행동반경을 보십시오. 꼭 그 크기만큼만 존재하지요. 절대 빈틈이 없습니다. 딱 불성의 크기만큼 존재하면서 살아가므로 '만법이 다 현전함에 돌아감이 자연스러운' 것이 되는 것이지요.

19세기 영국 빅토리아 여왕과 그녀의 남편 앨버트 공은 금실 좋은 부부였다고 합니다. 원래 외사촌 간이던 이 부부는 슬하에 자녀를 무려 아홉이나 두었고, 남편인 앨버트 공이 일찍 죽자 여왕은 40년간 상복만 고집하였다고 하니 얼마나 사이좋은 부부였는지 짐작이 가지요? 이렇게 사이좋은 부부도 싸울 일이 있는지 한번은 크게 싸웠는데 앨버트 공이 단단히 화가 났습니다. 천하의 여왕이라도 잘못했으면 사과 해야지요. 그래서 사과하러 앨버트 공의 집무실로 가서 노크를 하자 안에서 누구냐며 묻는 것이었습니다. 이에 빅토리아 여왕이 대답하였습니다.

"영국의 여왕입니다."

그런데 안에서는 아무런 대답이 없는 것이었습니다. 그래서 대답하기를 기다리다 할 수 없이 그냥 돌아갑니다. 그런데 암만 생각해도 화해를 해야 될 것 같아 또 다시 찾아가서 문을 두드렸습니다.

"똑똑똑"

"누구십니까?"

"영국의 여왕입니다."

그런데 이번에도 아무 대답이 없었습니다. 그렇게 또 여왕은 기다리다 돌아가서는 몇 시간 뒤에 다시 찾아와 문을 두드렸습니다.

"똑똑똑"

"누구십니까?"

이때 여왕의 뇌리에 섬광처럼 지혜가 떠올랐어요.

"당신의 빅토리아입니다."

이렇게 대답하는데 문을 안 열어 줄 남자는 없겠지요. 결국 문이 열리고 드디어 화해했다고 합니다. 빅토리아 여왕과 그녀의 남편 앨버트 공의 불성의 크기가 이만큼인 것이지요.

만법이 현전함에 돌아감이 자연스럽다, 어떻게 드러나 있는가? 드러남이 자연스럽다, 하였습니다. 그렇다면 만법이 현전함에 돌아감이 자연스럽다는 것은 수행적인 면에서 어떻게 응용이 되겠는가 하는 것을 생각해 봅시다.

　모든 현상이 드러남은 우리의 오감을 통해서입니다. 즉, 우리가 눈으로 보고, 귀로 듣고, 코로 냄새맡고, 입으로 맛 보고, 손으로 만지는 것을 통해서 드러납니다. 이런 오감을 통해서 내 마음 가운데서 분심이 막 일어나거나 치심, 어리석은 마음이 일어나거나 탐심, 욕심이 막 일어나면 이것을 어떻게 제어해야 하는가, 바로 정확하게 보는 겁니다. 탐심이 일어난다면 탐심을 정확하게 꿰뚫어 보고, 분노가 일어나면 그 분심을 정확하게 딱 보아야 합니다. 그리고 이런 현상을 정확하게 보게 하는 지휘 본부 또는 총사령관이 있는데 이 총사령관이 본체요 일물인 것입니다. 즉, 지금까지 얘기한 주인공의 자리인 것입니다.

　그래서 어떤 현상이 내 마음 가운데서든 바깥 경계에서든 일어나면 곧바로 그것을 정확하게 응시해야 합니다. 그리하면 만법이 다 현전함에, 만법이 드러남에 나의 주인공이 정확하게 보는 순간 모든 것이 그대로 자연으로 돌아갑니다. 극히 자연스러운 진리로 돌아간다는 말이지요.

　수많은 화두 가운데에서 처음과 끝인 화두가 '시심마' 또는 '시삼마', '이것이 무엇인가?', '나는 무엇인가?' 입니다. 제 아무리 똑똑한 사람이라도 이 물음에 제대로 답할 자가 거의 없습니다. '나는 무엇인가?' 참으로 대단한 말입니다. '이것이 무엇인가?', '이 물건 덩어리가 무엇인가?', '불교대학에 공부하러 나와서 앉아 있는 나, 본질적인 나가 도대체 뭐냐?'는 겁니다. 이것이 그 유명한 '이뭣고'라는 화두입니다.

그래서 내가 어떤 일을 당할 때 '나는 도대체 뭔가?', 차를 마시면서도 '차를 마시는 나는 도대체 뭔가?', TV를 보면서도 '무엇이 TV를 보고 있는가?', 'TV를 보고 있는 나는 뭔가?' 하고 정확하게 보는 것, 이렇게 할 때 모든 감정이 가라앉고 자연 그대로 돌아갑니다.

그러므로 하루 한 시간이라도 참선 수행을 해 보셔야 합니다. 백 번, 천 번 듣는 것보다 내가 한 번 해보는 게 훨씬 낫습니다.

無學不解

배우지 않으면 알 수 없다

喫茶去

26

그 까닭을 없이 하면 견주어 비할 바가 없음이라.
그치면서 움직이니 움직임이 없고
움직이면서 그치니 그침이 없느니라.

泯其所以민기소이하여　不可方比불가방비라
止動無動지동무동이요　動止無止동지무지니라

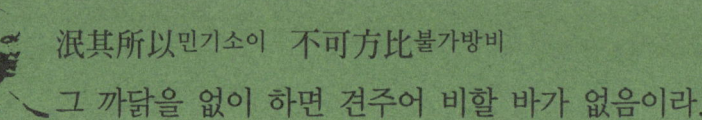
泯其所以민기소이　不可方比불가방비
그 까닭을 없이 하면 견주어 비할 바가 없음이라.

견주어 비할 바가 없다는 것은 당연하고 순수하고 고귀하다는 말입니다. 우리가 비교된다는 것은 좀 모자라다는 것이지요. 비할 바가 없어야 합니다. 그 까닭을 없이하면 견주어 비할 바가 없음이라, 이 말은 한마디로 '까닭 없이 당연하다'는 것입니다. 그런데 우리는 자꾸 까닭을 들고 나오죠. 너무나 순수하고 고귀함의 자리는 까닭이 필요 없습니다.

스님이 보고 싶단다.
왜냐고 묻는 어머니께
그 어린 꼬마는
보고 싶은데 이유가 어디 있느냐고
반문했단다.
어머니가 보고 싶어 하는 것처럼
나도 그냥 보고 싶은 거지 하고.
맹랑한 녀석,
마을상좌 묘길이다.
서울서 감포까지
정초 방생 핑계로 앞장서서 왔다.

『명상일기(상)』 보고 싶은 이유, 無一 우학

　이유가 없습니다. 이유가 없는 보고 싶음이 가장 순수하지요. 이유 없이 오로지 할 뿐, 사랑하면 사랑할 뿐, 그 자리가 바로 고귀함의 자리입니다. 여러 가지 조건을 붙여서 사랑한다면 사랑이 아니지요. 우리가 부처님을 사랑한다면 부처님 전에 지극정성 온몸과 마음을 바쳐 절을 하지요. 그것은 '부처님을 사랑할 뿐'인 것입니다. 견주어 비교할 바가 아니지요.

『금강경』에 '응무소주應無所住 이생기심而生其心'이라는 구절이 있습니다. 마땅히 머무는 바 없이 마음을 내다, 조건 없다는 말입니다. 화두를 잡는 것도 그렇습니다. '나는 무엇인가?' 할 때, '오직 모를 뿐'입니다. 그러한 자리가 견주어 비할 바가 없다 하였습니다. 원래 이치와 진리가 까닭 없이 당연한 겁니다. 그럴 수밖에 없다는 거죠. 한 번 생각해 보십시오. 부자富者는 왜 부자인가, 부와 만났기 때문에 부자입니다. 아버지는 왜 아버지인가, 자식이 있기 때문에 아버집니다. 다른 이유가 없지요. 아내인 이유는 남편이 있기 때문에 아내라 하지요. 이유가 없고 그럴 수밖에 없는 것입니다. 왜 사랑하느냐, 이유가 없어요. 상대가 있기 때문에 사랑할 뿐입니다.

참좋은 어린이집에 다니는 남자 아이가 한번은 자기 할아버지 집에 놀러 갔다고 합니다. 할아버지가 손주에게 어린이집에 대해 이것저것 묻자 아이는 조잘조잘 얘기를 하는데 자기 반의 예진이라는 아이를 좋아한다고 자랑을 해요. 그래서 할아버지가 물었어요.
"엄마가 좋아? 예진이가 좋아?"
"예진이가 더 좋아."
조금도 망설이지 않고 예진이가 좋다고 하는 겁니다. 할아버지와 할머니가 몇 번이나 물어도 예진이가 좋다는 겁니다. 이 아이의 나이가 네 살입니다. 만약 나이가 조금 더 들었다면 속마음을 숨기겠지요. 엄마가 섭섭해 할까봐, 엄마가 싫어할까봐 눈치를 보지요. 그런데 네 살 꼬맹이 눈에는 예진이가 엄마보다 훨씬 좋은데 거기에는 이유가 없습니다. 순수하지요. 이렇게 까닭 없이 당연한 이 자리가 순수함의 자리이고, 이것은 따질 문제가 아닌 것이지요.

민속촌이나 시골에 가면 돌담이 죽 쳐져 있는 것을 볼 수 있습니다. 이 돌담을 쌓는 데는 큰 돌도 필요하지만, 자그마한 돌도 필요합니다. 작은 돌이 큰 돌 중간중간 들어가 줘야 무너지지 않고 반듯반듯하게 쌓을 수 있는 것입니다. 이것이 무슨 말이겠습니까? 왜 작은 돌인가 또는 왜 큰 돌인가 따지지 말라는 얘기입니다. 그 돌이 왜 거기 있어야 되느냐 그런 문제가 아닙니다. 단지 거기 있을 뿐입니다. 큰 돌은 큰 돌대로 있어야 되고 작은 돌은 작은 돌대로 있어야 할 뿐이라는 말입니다.

해도 달도 별도 가족의 각 구성원들도 있을 수밖에 없어요. 여기에는 다른 이유가 없습니다. 진리라는 것은 그렇습니다. 까닭 없이 당연합니다. 그런 당연한 것에 까닭을 자꾸 갖다 붙이면 힘들어 지지요.

어떤 남자가 스포츠카를 운전하다가 과속으로 전봇대를 들이받는 큰 사고를 냈습니다. 그래서 중상을 입고 7, 8개월 동안 병원에 입원해 있었는데 입원해 있는 동안 같은 병실에 있던 환자와 친구가 되었습니다. 드디어 치료가 끝나고 퇴원을 하였는데 어느 날 길거리에서 그 친구를 우연히 만났습니다. 오랜만이라 반갑게 서로의 안부를 물었지요. 그런데 한 사람은 완전히 건강해졌는데 교통사고를 냈던 남자는 후유증이 좀 있다고 말하는 것이었습니다. 상대는 놀라서 어떤 후유증이냐고 물었습니다.

"내 담당 간호사와 사랑에 빠져서 결혼했어."

담당 간호사와 눈 맞아서 결혼을 하게 되었는데 그것이 바로 후유증이라는 겁니다. 결혼을 후회한다는 말입니다만, 물론 이 이야기는 극단적인 얘기이긴 하지만 결혼이라는 까닭으로 파생되는 문제가 얼마나 많은지 몰라요. 결혼이 후유증에 비유될 정도면 지금까지 결혼 안 하신 분들은 안 하는 게 좋아요.

자신의 조국, 베트남의 식민지 해방과 통일을 위해 일생을 바친 호치민은 실로 대단한 사람이었다고 합니다. 그의 유언장만 보더라도 '내가 죽은 후에 웅장한 장례식으로 인민의 돈과 시간을 낭비하지 말라. 내 시신은 화장해 달라'고 하였다니 베트남의 영웅으로 추대될 만하지요. 호치민은 독신이었는데 독신을 고집하는 이유를 다음과 같이 말하였다고 합니다.

"결혼을 하게 되면 사리사욕이 생길까 봐 결혼을 할 수 없다."

출가 수행자들이 결혼하지 않는 이유도 까닭을 좀 없애려는 데 있습니다. 가족이 생기면 가족을 위해 돈도 벌어야 하고, 좋은 집에서 좋은 음식도 먹였으면 좋겠다는 등 사리사욕이 생기기가 쉽지요. 무엇무엇 때문에 하는 까닭은 수행하는데 아무 도움이 되지 않습니다.

민기소이 불가방비, 그 까닭을 없이 하면 견주어 비할 바가 없음이라, 이런 의미가 있습니다.

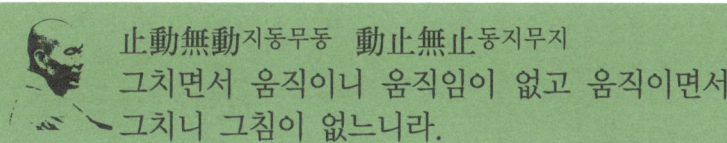

止動無動 지동무동　動止無止 동지무지
그치면서 움직이니 움직임이 없고 움직이면서
그치니 그침이 없느니라.

그치면서 움직이니 움직임이 없다는 것은 움직였다 할 것이 없다는 말입니다. 마찬가지로 움직이면서 그치니 그침이 없다는 것은 그쳤다 할 것이 없다는 뜻이지요. 우리말로 풀어 놓아도 이해하기가 쉽지 않지요?

어떤 남자가 강짜가 심한 아내에게 덜미 잡힐 일을 하는 바람에 몇 시간이고 꼼짝 못하고 잔소리를 들었습니다. 어찌나 바가지를 긁는지 그런 아내를 피해 남자는 침대 밑으로 달아났습니다. 나오라고 종용하는 아내에게 큰소리로 말했습니다.

"나도 남자다! 더 이상 당신 말 안 들어."

그치면서 움직이는 것입니다. 아내가 무서워 침대 밑에서 나오지도 못하는데, 잠시 큰소리 쳤다 해서 큰소리 친 게 아니지요. 그리고 이 아내는 시댁 시어른들의 말에는 "네, 어머니!" 하고 지극히 고분고분합니다. 일 년에 몇 번 시댁 갈 때 잠시 고분고분했다 해서 고분고분하다고 할 수는 없지요. 움직이면서 그치니 그침이 없는 것에 해당됩니다.

다섯 시간 잠을 잤는데 자다가 깨서 물을 한 잔 마셨다고 해서 물 마시는 시간 빼고 네 시간 오십 분 잤다고 하지는 않습니다. 그치면서 움직이니 움직임이 없는 것입니다. 열심히 공부하다가 잠시 쉬었습니다. 잠시 쉬었다고 공부를 그친 것은 아니지요. 움직이면서 그치니 그침이 없는 것입니다.

신행활동에 있어서도 하루 종일 놀다가 아주 잠깐 관세음보살 정근하고서는 '나 오늘 기도했다'고 할 수는 없습니다. 기도한 게 아니지요. 그치면서 움직인 겁니다. 일 년 중 초파일 하루만 절에 오는 사람이 있습니다. 그 한 번은 절대 안 빠집니다. 그런데 어떤 좋지 않은 일이 생기면 "그렇게 열심히 절에 다니는데 일은 왜 이렇게 안 풀리지?" 합니다. 역시 마찬가지 경우지요. 늘 망상을 피우고 마음이 바쁘면서 잠시 기도했다고 그 망상을 끊었다 할 수 있는가 하면 그렇지 않죠. 끊었다 할 수 없습니다. 그것은 마치 뺑뺑이를 돌다 멈추면 한참 동안 세상이 빙글빙글 도는 것처럼 느껴지는 것과 같습니다. 이는 움직이면서 그치니 그침이 없는 것입니다.

반면에 하루 종일 관세음보살 염하다가 공양하는데 십 분 걸렸다하면 그쳤다 할 것이 없는 겁니다. 또 열심히 기도하거나 참선을 할 때 망상이 불쑥불쑥 일어나기도 해요. 그러나 그 망상은 망상이라 할 것이 없습니다. 왜냐하면 기도나 참선 등 수행은 계속하고 있기 때문입니다. 그래서 그치면서 움직이니 움직임이 없다고 하는 것입니다.

이것을 우리 생활에 어떻게 적용할 수 있을까요? 이는 동動과 정靜의 문제입니다. 동은 움직임이요 정은 조용히 있는 것으로, 동은 생활이요 정은 삼매에 드는 수행입니다. 그래서 이 동과 정을 아주 조화롭게 잘해 나갈 때 인생을 재미있게 살면서 중도적 삶도 살 수 있는 것입니다.

예를 들면 낮 동안 열심히 내 일하고, 저녁에는 불교대학 가서 열심히 공부하는 것이라든가 열심히 생활하면서 재일에는 잊지 않고 절에 간다는 등 이런 것이 동과 정의 적절한 안배라 할 수 있습니다.

부처님께서는 안거 제도를 두셨습니다. 왜 안거를 두셨을까요? 부처님은 육신으로 세상에 오셨으니 부처님 당신도 몸이 불편하실 때가 있었을 것입니다. 또 얼마나 많은 사람들이 몰려와 이것저것 물어 보았겠습니까? 그래서 날씨가 험한 사월 보름부터 칠월 보름까지 하안거 제도를 두고 체력을 재충전하는 기회를 갖지 않았나 생각합니다.

불교대학에서 일주일 내내 강의를 하는 저도 일 년에 두어 번 산중에서 기도하고 수행하면 기분도 새로워지고 재충전이 됩니다. 물론 산중에 너무 오래 있다 보면 타성에 젖어 공부가 진척이 없기도 합니다. 그래서 불교의 동안거, 하안거 제도는 동정動靜을 조화롭게 하는 방법인 것입니다. 이 정 가운데 동을 찾고 정 가운데 동을 찾는 정중동靜中動 또는 동중정動中靜의 생활 태도야 말로 인생을 재미있게 하는 것임을 거듭 확인할 수 있습니다.

27

두 가지가 이미 이루어지지 못하거니
하나인들 어찌 있을 건가.
끝내 궁극하여 일정한 법칙이 있지 않음이요.

兩旣不成양기불성이라   一何有爾일하유이리요
究竟窮極구경궁극은   不存軌則부존궤칙이요

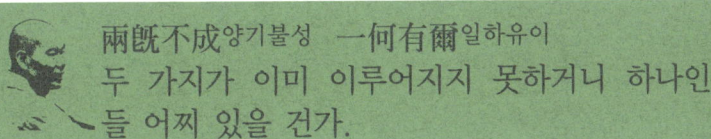
兩旣不成양기불성   一何有爾일하유이
두 가지가 이미 이루어지지 못하거니 하나인들 어찌 있을 건가.

두 가지라 하는 것은 양극단입니다.

參究公案唯一心 참구공안유일심
畢竟登圓寂山頭 필경등원적산두
功德塔聳立於空 공덕탑용입어공
活眼魚族峰上遊 활안어족봉상유

지 혜 로 운 삶 2   45

一已無一都放下 일이무일도방하
佛日光明照耀周 불일광명조요주
그 하나를 좇고 좇아서
마침내 다다른 곳 원적산이라.
공덕탑은 하늘 가운데 우뚝하고
눈뜬 고기는 산 위에서 자유로이 노니네.
하나마저 더 이상 하나 아니니
온 우주 그대로가 부처님 광명.

『길손여행』 산 위의 눈 뜬 물고기, 無一 우학

하나마저 더 이상 하나 아니니라 하였는데, 우리가 하나라 하지마는 하나를 고집하다 보면 하나는 하나가 못됩니다. 이 하나라는 것도 용납하지 않은 자리, 둘을 전제하지 않는 하나입니다.

지팡이 하나를 두고 이쪽 끝을 잡고 '이것이 지팡이다' 해도 맞지 않고, 또 저쪽 끝을 잡고 '이것이 지팡이다' 해도 맞지 않을 것입니다. 어떤 사람을 판단할 때도 한 단면만 보고 '그 사람이다'고 판단하면 큰 실수가 있게 되지요.

양극단이라 하는 것은 애착이 있으면 시기 질투가 있게 되고, 만남이 있으면 이별이 있게 되고, 출발이 있으면 도착이 있게 되고, 시작이 있으면 끝이 있게 되고, 입학이 있으면 졸업이 있게 되고 또 태어남이 있으면 죽음이 있는 것, 그것이 양극단인 것이지요. 그런데 이러한 양극단이 왜 일어나는 것인가? 죽음 아니면 태어남만 생각하고, 시작 아니면 끝만 생각하는 이런 치우침이 왜 일어나는가? 이는 '나'라고 하는 생각 때문에 생기는 가짜 현상입니다. 에고이지요. 그러나 세상은 본래 무아입니다. 그래서 『금강경』에도 통달무아법자通達無我法者라고 하여, 무아법을 통달한 사람이 참으로 보살이다, 하고 말하고 있습니다.

이 무아의 도리를 익히려면 양쪽을 동시에 보아야 하고, 전체를 보아야 합니다. 이렇게 전체를 보는 것을 '공관空觀'이라고 해요. 바로 중도관입니다. 초월해서 보라는 것입니다. 애착을 초월하여 시기를 초월하여 보라는 말입니다. 어떤 사람을 판단할 때 똑바로 보려면 애증을 초월해서 보고 남녀를 초월해서 보아야 하는 것입니다.

양극단을 벗어나기 위해서 우리는 무아의 도리를 익혀야 합니다. 이 무아의 법을 통달하기 위해서는 수행이 필요한데, 여러 수행 중에 사마타적 수행이 적당합니다. 신묘장구대다라니와 같은 진언을 빠르게 염송하는 것이 이 사마타적 수행입니다.

우리가 동전 하나를 손바닥에 올려놓고 보이는 한쪽만 보고

'이것이 동전이다'고 생각하면 안 됩니다. 보이는 한쪽 뿐만 아니라 반드시 그 반대쪽에 숨겨진 면까지 모두 볼 수 있어야 하는 것입니다. 그렇지 않고 한 면만 보고 그것이 진실이라 판단을 내리면 큰 오류가 따르게 됩니다. 양쪽을 다 보지 않으면, 전체를 보지 않으면 그것이 인간이든 사물이든 다 보았다고 할 수 없습니다. 온전하게 본 것이 아니므로 온전한 진실이 될 수 없는 것입니다. 양극단의 두 개가 합쳐져서 온전한 하나가 되는데, 어느 한 면만을 보고 판단하면 절반만 거짓이 되는 게 아니라 전체가 다 거짓이 될 수 있는 것입니다.

그러므로 전체가 곧 하나인데 억지로 이름 붙여서 하나이지, 전체마저도 잊어버린 그러한 자리가 '하나인들 어찌 있을 것인가'라고 한 것입니다. 그래서 이것을 불교적 표현으로 '공 또한 비었다' 해서 '공공'이라 합니다. 이 공공의 자리에 들어갔을 때라야 완전의 자리에 들어간 것입니다.

究竟窮極구경궁극 不存軌則부존궤칙
끝내 궁극하여 일정한 법칙이 있지 않음이요.

구경이란 끝내라는 뜻입니다. 여기에서 말하는 끝내

궁극한 그 자리는 무아의 자리입니다.

사회적으로 명망 있고 똑똑한 어떤 사람이 공중 화장실에 들어갔습니다. 그런데 거기에 '오른쪽을 보시오'라고 써 있어요. 그래서 오른쪽을 보니까 이번에는 '왼쪽을 보시오' 하는 겁니다. 그래서 또 시키는 대로 하였더니 이번에는 '뒤에 아주 중요한 것이 있으니 뒤를 보시오'라고 되어있기에 뒤를 돌아다 봤죠. 그랬더니 '야, 이 사람아! 왜 두리번거리나!' 하는 것이었습니다. 평소 똑똑하다는 말을 듣던 사람이 아주 바보가 돼 버린 겁니다.

이 얘기가 무엇을 말하는 것 같습니까? 나 잘났다, 할 것이 없다는 말입니다. 무아입니다. '나'라고 세울 만한 고정된 실체, 법칙은 없는 것입니다. 이러한 '끝내 무아'에 대해서 부처님께서는 법을 설하실 때 어떤 방법으로 하셨을까요?

모든 존재는 무아인데, 이 무아라는 것은 존재가 시시각각 변화를 일으킵니다. 그래서 부처님께서 법문을 하실 때는 이 점을 늘 염두에 두고 법문을 하셨습니다. 그래서 『금강경』에서는 부처님 설법을 여벌유자如筏喩者 즉, 뗏목의 비유와 같다 했습니다.

강을 건너기 위해 뗏목을 탑니다. 그리고 무사히 강을 건너 육지에 내렸어요. 그때는 더 이상 뗏목이 필요 없으므로 뗏목은 버리고 갈 길을 가야지요. 그런데 어리석은 사람들은 육지에서는 필요도 없는 뗏목을 지고 땀을 뻘뻘 흘리면서 가더라는 겁니다. 그래서 부처님의 법문은 강을 건너고 난 다음에는 뗏목을 내려놓으라는 것을 가르칩니다. 이것을 응병여약應病與藥의 대기설법對機說法 또는 수기설법隨機說法이라 말합니다. 응병여약, 병에 따라 약을 처방하는 것과 같은 법문입니다. 병이 다 다른데 똑같은 약을 줄 수는 없지요. 즉, 가르침을 받는 자의 소질과 교육 정도에 맞는 적당한 가르침을 설하시는 것입니다. 그래서 부처님의 일거수일투족은 모두 중생을 교화하는 방편입니다.

운암雲嚴이라는 스님이 사형인 도오道吾 스님에게 묻습니다.
"대비 보살은 그렇게 많은 손을 어디에 씁니까?"
"밤중에 누워서 뒷짐을 지고 목침을 찾는 것과 같다."
"제가 알았습니다."
"무엇을 알았는가?"
"몸이 두루 손과 눈임을 알았습니다."
"말인즉 빠르나 사제는 팔분밖에 못 얻었구나."
"사형은 어떻다 하십니까?"
"관세음보살님은 바로 온 몸이 손과 눈이니라."

대비 보살大悲菩薩은 관세음보살을 말합니다. 관세음보살은 천수, 천 개의 손을 가지셨지요. 천수천안관세음보살님을 보면 몸에 팔이 천 개 있고 그 팔에 손이 천 개 있습니다. 또 손바닥마다 부처님의 눈이 들어 있어요.

운암 스님이 이렇게 많은 손을 어디에 쓰는지 묻자 뒷짐 지고 목침을 찾는다고 도오 스님이 대답을 해요. 팔을 뒤로하고 목침을 찾을 수는 없는 일이지요. 그러자 운암 스님은 알아듣고 편신시수안遍身是手眼이라고 하지만 그조차 도오 스님은 열 개 중 여덟 개 즉, 팔분밖에는 못 얻었다고 합니다.

통신시수안通身是手眼, 부처님은 온 몸 자체가 손과 눈으로 있는 분입니다. 부처님은 법계처法界處에 보이는 모든 세상을 다 대비의 활동으로 보시는 겁니다. 『금강경』에 '무유정법無有定法 명아뇩다라삼먁삼보리名阿耨多羅三藐三菩提'라 하였습니다. 아뇩다라삼먁삼보리라 할 만한 일정한 법이 있지 않다는 말입니다.

구경궁극 부존궤칙, 구경하고 궁극하여 법칙이 있지 않음이라, 진리가 이와 같습니다.

    勖不惹狀況 욱불야상황
    收順順熟緣 수순순숙연
    自由人無着 자유인무착

抱擁諸世緣 포옹제세연

억지로 상황들을 끌어오진 않지만

익어간 인연들은 순순히 거두나니

자유인은 집착하지 않고서

세상을 통째 안는다.

『명상일기(상)』 자유로운 사람, 無一 우학

28

마음에 계합하여 평등케 되어
짓고 짓는 바가 함께 쉬도다.
여우 같은 의심이 다하여 맑아지면 바른 믿음이 서리라.

契心平等계심평등하여 所作俱息소작구식이로다
狐疑淨盡호의정진하면 正信調直정신조직이라

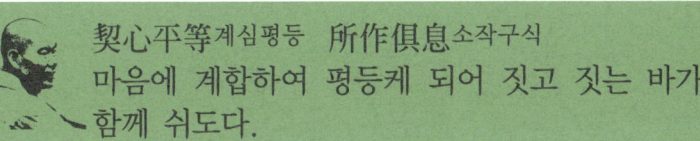

契心平等계심평등 所作俱息소작구식
마음에 계합하여 평등케 되어 짓고 짓는 바가 함께 쉬도다.

　　　　이때의 마음은 참마음, 불성자리, 본래자리를 말하지요. 평등케 된다는 것은 평화가 왔다는 것입니다. 짓고 짓는 바가 함께 쉰다는 것은 헐떡거림이 없어졌다, 감정적으로 처리하지 않는다는 의미입니다.
　　장자莊子가 말하길, '신발이 딱 맞으면 발을 잊어버린다' 하였습니다. 몸이 자기에게 딱 맞으면 몸을 잊어버립니다. 눈병을 앓

게 되면 그제서야 '그간 내 눈이 고마웠는데 신경을 못 썼구나' 하고 느낍니다. 사람이 자기에게 딱 맞으면 사람을 잊어버립니다. 공기가 자기에게 딱 맞으면 공기를 잊어버리다가 황사가 오면 그 땐 공기를 떠올리지요. 여기에서 '딱 맞다' 하는 것을 계합契合이라고 합니다. 딱 맞으면 마음이 평화롭습니다. 그렇게 되면 짓고 짓는 바가 함께 쉰다 즉, 헐떡거림이 가라앉는다, 이렇게 말하는 것입니다.

또한 마음에 계합했다는 것은 마음열림입니다. 깨어있음이죠. 염념보리심念念菩提心이면 처처안락국處處安樂國이라 하였습니다. 우리는 흔히 '이렇게 해서는 안 되고, 저렇게 해야 된다', '이렇게 하는 것은 나쁘고, 저렇게 하는 것이 옳다' 하며 자꾸 윤리적인 문제를 얘기하는데, 지금 이 마음의 문제에 있어서는 윤리적인 문제를 말하지 않습니다. 윤리적인 문제의 근원을 얘기하는 겁니다. 선과 악, 신과 악마를 분별해 내는 그 근본 마음자리에 들어가는 게 마음공부요, 불교의 본래 공부입니다.

중생의 생각은 선악을 나누고 신과 악마를 나눕니다. 그런데 이것이 어디서 나왔습니까? 다 한마음에서 나왔지요. 그래서 제 마음에 안 들면 다 악마인 겁니다. 저 사람이 싫다고 생각하다가도 성이 같다거나 고향이 같다는 말을 들으면 그때는 호감으로 변합니다. 그게 다 한마음에서 장난이 일어나고 에너지가 솟는 것이지요. 우리 생각에 대립되는 것들, 선악이니 시비니 도덕이니 부도덕이니 하는 것들이 다 한 가지 현상의 양극입니다. 어둠이니 밝음이니 하는 것도 다 한 바탕 한 에너지의 다른 면이지요. 인간에 대해서도 어떤 사람은 영혼이 중요하다 하고 어떤 사람은 육체가 중요하다 말합니다. 중세에는 영혼의 중요성이 강조된 나머지 여러 가지 폐단을 낳자 곧이어 유물론이 대두되지 않습니까. 그러나 현대의 심리철학에서 인간을 정의하기를 '인간은 인간일 뿐'이라고 말합니다. 인간은 현재 육신을 가지고 있는 동시에 영혼도 같이 있는 것입니다. 그래서 더도 덜도 아닌 단지 인간일 뿐이라는 겁니다. 바로 양극단을 초월하는 말이지요.

『금강경』에서는 '불취어상不取於相 여여부동如如不動'이라 하였습니다. 『금강경』에서의 상相은 개념으로 덧씌워진 것, 개념으로 모양 지어진 것, 감정으로 모양 지어진 것일 뿐입니다. 그래서 상을 취하지 않으면 여여해서 움직임이 없다고 한 것입니다. 불교를 공부하는 것도 다 그런 자리를 회복하려고 하는 것이지요.

마음에 계합하여 평등케 되어 짓고 짓는 바가 함께 쉬도다, 이 말이 사회적으로는 어떻게 적용되어야 하겠습니까?

아무리 훌륭한 학문이라도 내 생활에 유익하지 않으면 소용없습니다. 내 삶에 응용이 되고 내 삶의 발전에 도움이 돼야 생명력이 있는 것입니다.

이미 고인이 되었습니다만, 노무현 전 대통령이 재임할 당시 동아일보, 조선일보와 관계가 좋지 않았었습니다. 매일 언론에서 싸우니 시골 할아버지라도 모를 수가 없겠지요.

한 촌로가 서울 광화문에 구경 갔습니다. 앞쪽에는 청와대가 보이고, 다른 쪽에는 대통령과 사이가 안 좋은 두 신문사가 있는 겁니다. 그것을 보고 시골 할아버지가 말합니다.

"사람들, 참 이상도 하다. 한 동네에 살면서 왜 이렇게 싸울까?"

국가라는 한바탕에서 살고 있으면서 국가와 국민은 뒷전이고 늘 감정적인 이전투구만 일삼는다면 국가와 국민은 어떻게 되겠습니까?

계심평등하여 소작구식이로다, 좁게는 개인 한 사람의 마음 문제이나 넓게는 이렇게 국가 전체의 안위와도 관계되는 것입니다. 그래서 마음에 계합하여 평등케 되어, 즉 본마음에 딱 들어맞아서 평화스러워지면, 짓고 짓는 바가 함께 쉬도다 즉, 감정적으로 처리되지 않는다, 이 말을 정치인들이 알았으면 좋겠습니다.

하얀 머리 억새풀밭 난 길이 멀다. 동골동골한 환약 같은 짐승의 흔적이 더문더문하다. 인상을 써가며 마른 숲 헤치고 좁은 길 간다. 노루 한 마리 허연 엉덩이 보이며 산비탈 오른다. 긴 꼬리 꿩들이 길섶에 숨었다가 푸드득 싱겁게 놀래킨다. 갑자기 환한 기운이 와락 안겨 든다. 다정스레 머리 맞대고 누운 한 쌍의 묘지다. 좁은 길을 멀리도 찾아들어 왔다. 젊은 햇살 이불 삼아 덮고 잔디요 위에서 평화를 즐긴다. 길은 여기서 끊어졌다. 더 이상 험한 길조차 필요 없다. 지친 존재들이 아늑하게 더불어 쉰다. 시간도 찾아올 수 없는 외진 공간이다.

『시쾌사』 평화, 無一 우학

'쉰다'는 의미를 좀 깊이 있게 생각해 보는 시간을 가져 보시기 바랍니다.

狐疑淨盡호의정진　正信調直정신조직
여우 같은 의심이 다하여 맑아지면 바른 믿음이 서리라.

여우 같은 의심이라는 것은 '나는 아니다', '내가 왜?' 하는 것처럼 지금의 나를 부정하는 마음을 말합니다.

한국불교대학을 창건하고 지금까지 절을 운영하면서 제가 몸살이 나거나 감기에 들거나 힘이 든 것은 대수롭잖게 생각하는데, 우리 법우님들에게 문제가 생기면 마음이 아픕니다. 혹여 무릎이라도 깨지면 '이를 어쩌나!' 하는 생각이 절로 들어요.

그런데 안거를 끝내고 절에 돌아와 들으니 법우님 한 분이 절 앞의 길을 건너다가 차에 부딪혀서 아스팔트에 머리를 부딪치는 사고를 당했다는 겁니다. 그래서 급히 병원으로 찾아가봤더니 다행히 별 문제는 없다 했습니다.

그런데 이틀 후에 또 문제가 생겼습니다. 절 봉사단의 일흔 넘으신 노보살님 한 분이 크게 다치는 사고가 난 것입니다. 그래서 또 급히 병원에 갔더니 의사가 가망 없다고 말하는 것이었습니다. 뇌를 심하게 다쳤다는데 제가 만져 보니 시체처럼 싸늘해요. 이 노보살님께는 아들이 셋 있었는데 마침 그 자리에 있던 막내아들이 제게 항의하듯 물었습니다.

"우리 어머니 말씀이 기도하면 모든 게 좋아진다고 하셨는데 어떻게 방생기도 하러 갔다가 이럴 수가 있습니까?"

그러니까 스님이 좀 책임지라는 말이지요. 스님 말 믿고 기도

하러 갔다가 사고가 났으니 스님이 고쳐내라는 겁니다. 저는 아무 말도 못하고 고개만 푹 숙이고 가만히 있었죠. 그래도 막내아들이 계속 원망하는 소리를 하기에 거의 시신 같은 보살님 귀에다 대고 제가 사정을 했습니다.

"보살님, 제가 지금 죽을 지경이니 보살님이 좀 알아서 하세요."

의식은 살아 있었던지 아니면 대보살이라 제 말을 알아들으시고 애를 썼던지 기적적으로 구일 만에 깨어났어요. 대학병원에서도 있을 수 없다, 기적이라고 할 정도였습니다. 소식을 듣고 며칠 후에 가보니 보살님이 아주 반갑게 인사를 해요.

"아이구, 스님 바쁘신데 뭐하러 여기까지 오십니까?"

깨어나기를 기다리는 그 구일 동안 제 속은 탈 대로 다 타버렸는데!

여하튼 막내아들이 불자는 아니었는데 자기 어머니가 깨어나신 걸 보고 '아, 부처님이 있는가보다', '스님 기도 덕분이다' 하고 생각하게 되었습니다. 그것이 여우 같은 의심이 다하여 맑아지면 바른 믿음이 서는 것입니다.

인간은 스스로 현재적 삶과 깊은 조화를 이룰 때 의심이 사라집니다. 삶이라는 것은 일어나는 그것에 맡겨 버리면 되는데 그것이 되지 않을 때 여우 같은 의심이 생기는 겁니다.

'우리 어머니가 열심히 믿었는데 왜 이렇게 다치는 것인가?' 이것이 의심입니다. 사고 난 것을 그대로 수용하면서, '아, 우리 어머니가 이렇게 다치셨는데 현재 내가 할 일이 무엇인가?' 생각하면서 열심히 기도하는 것이 바른 믿음인 것입니다. 그것이 현재적 삶입니다.

그런데 대부분의 사람들이 현재적 삶보다 늘 자신의 생각을 드러냅니다. 자기 생각으로 자기 식의 삶을 강요합니다. 그것은 바로 자기 자신에 대한 불신입니다. 사고가 났다면 사고 난 자체가 진실이고 원칙이죠. 그러므로 누구를 원망할 것이 없습니다. 그대로 신뢰하는 것이 바람직하죠. 그래서 이러한 사실을 현재적으로 어떻게 수용할 것이냐, 어떻게 기도할 것이냐 하는 게 마음 닦은 사람들의 할 일입니다.

그래서 어떤 일이 닥친다 하더라도, 설사 그것이 죽음이라 하더라도 '아, 이것은 나의 일이다. 현재 내게 닥친 일이다' 하고 받아들이고 기도하면서 감사하게 생각하는 사람이 도인인 겁니다. 그렇게 어느 한 경지에 올라간 사람들은 죽으면서 절대 죽음을 원망하지 않습니다. 도인이라 해서 오십 대에 죽지 말라는 법은 없죠. 그런 사람들은 죽음 자체를 오히려 감사하게 생각합니다. 현재를 그대로 수용하면서 최선을 다하는 거죠. 그리고 최선을 다해

기도합니다. 우리의 삶이 그러해야 하고 그것이 바로 자기 자신을 믿고 가는 거죠. 바른 믿음이란 이처럼 자기 자신에 대한 믿음이 있어야 합니다.

　노력하지 아니하고 자기 자신의 분수를 넘어서서 과도하게 요구하는 것은 자기 자신에 대한 의심입니다. 반면에 진리대로 사는 마음 상태, 그것이 바른 믿음입니다. 믿음이란 참주인공에 대한 믿음, 나 자신에 대한 믿음, 나의 인격에 대한 믿음, 진리에 대한 믿음이 전제되어야 합니다. 나에 대한 믿음이 전제되지 않는 사람은 어떤 일도 잘 할 수 없지요. 자기 주인공, 참 자기 자신, 자기 마음 가운데 있는 부처님에 대한 믿음, 이것이 살아 있어야 합니다.

　"부처가 무엇입니까?"
　"내가 말하면 네가 믿겠느냐?"
　"스님께서 말씀하시면 믿겠습니다."
　"현재 내가 말한다면 믿겠다는 그 믿음이 바로 부처이니라."

　이처럼 그 믿음 가운데 부처님이 살아 계십니다. 그래서 『금강경』에도 신심청정즉생실상信心淸淨卽生實相이라 하였습니다. 믿는 마음이 깨끗하면 거기서 진리의 현상을 보리라, 참마음자리가 나타나리라 그렇게 말하는 것입니다.

그래서 우리가 공부하면서 잊지 말아야 하는 것은 나에 대한 믿음, 우주에 가득한 또는 우주에 변만해 계신 부처님에 대한 믿음이 항상 할 때 세상이 재미있고 공부도 진척이 있다는 사실입니다. 그리고 그러한 믿음에는 깨달음의 문도 곧 열릴 것입니다.

29

일체가 머물지 아니하여 기억할 아무것도 없도다.
허허로이 밝아 스스로 비추나니
애써 마음 쓸 일 아니로다.

一切不留일체불류하여　無可記憶무가기억이로다
虛明自照허명자조하여　不勞心力불로심력이라

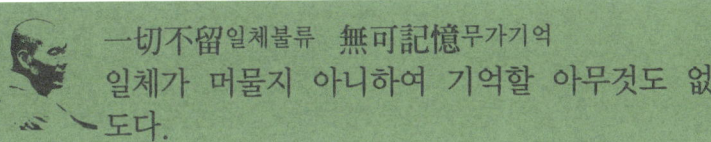

一切不留일체불류　無可記憶무가기억
일체가 머물지 아니하여 기억할 아무것도 없도다.

일체불류一切不留에는 '일체가 머물지 아니하여', 그리고 '일체를 머물러 두지 아니하여' 라는 두 가지 뜻이 있습니다.

첫째, 일체가 머물지 아니한다는 말은 이 세상에는 고정되어 있는 것은 없다는 말입니다. 이 세상에 머물러 있는 것은 아무것도 없다, 그것이 세상의 이치요 진리입니다. 한번 지나간 강물에 다시 세수할 수 있나요? 당연히 할 수 없지요. 이것이 진리라는 말입니다. 이러한 것을 불교에서는 단 한마디로 '제행무상諸行無常'이라고 합니다. 모든 존재는 무상하다, 항상함이 없다는 뜻입니다. 아이가 자라서 어른이 되는 것도 무상한 것이요, 성인이 점점 늙고 병들어 죽어가는 것도 무상한 것이요, 또 우리 생각이 쉼 없이 일어나는 것도 무상한 것이며 그 생각이 없어지는 것도 무상인 것입니다. 이처럼 일체가 머물지 아니한다, 고정되어 있는 것은 없다는 이것이 만고불변의 진리입니다.

그런데 우리는 머릿속에 뭘 자꾸 잡아매어 두려고 합니다. 이 세상 어떤 것도 머물러 있는 것은 없음에도 불구하고, 자기 혼자 고민하고 잡아매어 스스로 힘들게 하지요. 일체가 머물지 아니하여 기억할 아무것도 없다고 하였습니다. 그러니까 아무것도 머물지 않는데 무엇을 잡아매어 두고 고민하겠습니까! 일체가 머물지 아니하는데 그것을 잡으려고 마구 애쓰는 것, 그것은 고통을 수반하는 집착에 불과합니다.

중생이 중생놀음 할 수 밖에 없는 가장 큰 원인이 집착이요, 중생에게 가장 큰 병이 집착입니다. 사람들이 돈이나 권력, 명예에 집착한다고 말하는데 집착한다는 것은 상대가 주인이 되기 때문에 그렇습니다. 돈에 집착하면 내가 주인이 아니라 돈이 주인이 됩니다. 돈 때문에 잠 못 자고, 잠을 못 자니 몸은 야위고 아프고,

아파서 병원에 가야 하니 돈이 들고, 다시 돈 걱정 하느라 잠 못 자는 일이 반복되다 보면 결국 돈 때문에 자기 자신을 망치는 것이지요. 이것이 다 집착 때문이지요. 이렇게 집착은 그만한 병을 가져오는 것입니다. 명예나 권력도 마찬가집니다.

제가 어렸을 때 경주에 아주 유명한 다선 국회의원이 있었어요. 이 유명한 다선 국회의원에 대응해 출마한 사람은 야당 후보였는데, 그 후보자는 국회의원 출마를 거의 열 번 정도 했었습니다. 그렇게 재차 시도하는 동안 가정은 전부 해체되어 버렸어요. 그것을 본 경주 시민들이 동정심에서 그 사람을 찍어줘서 국회의원이 되었습니다. 그런데 그렇게 집요하게 도전해서 겨우 국회의원이 되었으면 임기 4년 동안이라도 잘했으면 좋았을 텐데, 복이 안 되는 사람은 어쩔 수 없는지 얼마 하지도 못했습니다. 당시 무슨 일이 있었는지 기분 나쁘다며 청와대를 향해 노상 방뇨하다가 구속되어버렸어요. 얼마 후 풀려나 다시 국회의원 직을 수행하는데 여기서 끝나지 않고 계엄령이 내려져 국회가 해산되어 버렸어요. 수십 년을 벼르고 별러서, 온 집안을 거덜 내고 국회의원이 되었는데 이렇게 끝나 버린 것입니다.

극단적인 예가 될 수도 있으나 우리가 명예나 권력에 집착하면 자신은 물론 온 집안을 망칠 수도 있습니다. 그렇다 해서 명예와 권력이 나쁘다는 말이 아닙니다. 열심히 살다 보면 명예도 생기고 권력도 생기고 돈도 생길 수 있습니다. 그렇게 생긴 권력이나 명예나 돈을 부리는 것은 괜찮습니다. 돈이나 명예, 권력은 살아가는 데 필요한 것이고 있어야 되는 것으로 그 자체가 나쁜 것은 아니지요. 다만, 그것을 좇아서 가지 마라는 얘기입니다.

우리 삶은 진리에 순응할 때 편안합니다. 제행무상, 세상 모든 것이 무상하다는 것은 참으로 큰 진리입니다. 세상이 무상인데 나는 무상이 아니라고 우기는 것, 그건 바로 집착이요 괴로움의 원인입니다. 그런데 이 집착은 생각보다 끈질깁니다.

본문에서는 기억할 아무것도 없다고 하였지만 우리 머리에는 너무 많은 것이 기억되어 있어요. 그리고 집착을 너무나 많이 하다 보면 머릿속에 남아 있어서 십 년도 지난 일을 가지고 집착심이 발동하기도 합니다.

오래전에 남편이 어떤 여자랑 사이좋게 길거리를 가는 것을 보았는데 그때는 말 못하고 생각만 하다가 어느 날 갑자기 자다 말고 남편을 깨워 따집니다. 하지만 그때 그 여자가 누구냐고 따져도 남편은 무슨 말을 하는지조차 모르지요. 또 십 년 전에 월급봉투의 돈이 모자랐는데 그때는 제때 월급봉투 받는 것도 감사해서 말하지 못했는데 가만히 생각하면 할수록 남편이 엉뚱한 곳에 썼을 것만 같은 의심이 듭니다. 그래서 남편을 깨워 닦달하지요. 자다 일어난 남편 입장에서는 기억에도 없는 일로 황당하기도 하고 짜증날 겁니다. 이러니 가정이 편안하겠습니까!

제 실수는 새까맣게 잊어버리고 타인의 실수는 오래 기억하는 것, 이 또한 집착입니다. 남이 실수했다고 하는 것도 제 잣대에서나 실수지 그 사람의 입장에서는 옳은 일일 수도 있는 것이지요. 그러니 지나가 버린 것에 대해서 너무 집착하지 말아요. 그것이 잘못되면 자기 자신을 얽어매는 고통이 따릅니다.

그래서 우리가 아무리 좋은 대학에서 많은 공부를 했다 하더라도 집착을 버리는 수행이 부족하면 아주 괴롭습니다. 집착을 버리기 위해서는 수행을 할 수밖에 없어요. 사경, 독송, 절 등 이러한 수행을 해야 자기로부터 집착을 떼어내는 그런 힘이 생깁니다.

집착을 버리도록 하는 가장 중요한 경이 『금강경』 등 반야부 계통의 경전입니다. 반야부 계통의 경전을 압축하고 있는 경이 『반야심경』인데, 이 『반야심경』이라도 자주 쓰고 그 뜻을 생각해 보고, 또 참선이나 기도를 꾸준히 같이 하면, 내 마음의 집착이 점점 없어지게 됩니다. 말씀이 났으니 이 기회에 마음을 가다듬고 『반야심경』을 독송해 보시기 바랍니다.

관자재보살이 깊은 반야바라밀다를 행할 때, 오온이 공한 것을 비추어 보고 온갖 고통에서 건지느니라. 사리자여! 색이 공과 다르지 않고 공이 색과 다르지 않으며, 색이 곧 공이요 공이 곧 색이니, 수상행식도 그러하니라. 사리자여! 모든 법은 공하여 나지도 멸하지도 않으며, 더럽지도 깨끗하지도 않으며, 늘지도 줄지도 않느니라. 그러므로 공 가운데는 색이 없고 수상행식도 없으며, 안이비설신의도 없고 색성향미촉법도 없으며, 눈의 경계도 의식의 경계까지도 없고, 무명도 무명이 다함까지도 없으며, 늙고 죽음도 늙고 죽임이 다함까지도 없고, 고집멸도도 없으며, 지혜도 얻음도 없느니라. 얻을 것이 없는 까닭에 보살은 반야바라밀다를 의지하므로 마음에 걸림이 없고 걸림이 없으므로 두려움이 없어서 뒤바뀐 헛된 생각을 멀리 떠나 완전한 열반에 들어가며, 삼세의 모든 부처님도 반야바라밀다를 의지하므로 최상의 깨달음을 얻느니라. 반야바라밀다는 가장 신비하고 밝은 주문이며 위없는 주문이며 무엇과도 견줄 수 없는 주문이니, 온갖 괴로움을 없애고 진실하여 허망하지 않음을 알지니라. 이제 반야바라밀다주를 말하리라.
아제아제 바라아제 바라승아제 모지 사바하
아제아제 바라아제 바라승아제 모지 사바하

아제아제 바라아제 바라승아제 모지 사바하
(2011.10.5 대한불교조계종 공포 통일 한글반야심경)

竹影掃階塵不動 죽영소계진부동
대나무 그림자 뜰을 쓸어도 티끌은 움직이지 않네.

한국불교대학 감포도량에는 커다란 식용 대나무가 있습니다. 하동 쌍계사 근처에서 싣고 온 아주 큰 대나무입니다. 관음굴에서부터 무문관까지 늘어선 대나무가 바람에 일렁이면 그 마당에 그림자가 왔다 갔다 합니다. 죽영소계진부동, 바로 그런 전경입니다. 대나무 그림자가 아무리 뜰을 쓸어도 티끌은 움직이지 않는다는 것이 의미하는 바는 집착 없는 공의 자유로운 활동을 말합니다. 그 어떤 것에도 물들지 않는 아름다운 행동 양식인 것이지요.

'신심탈락身心脫落'이라는 말을 들어보셨습니까? 여기에서 '탈脫'은 벗어남, 해탈의 의미가 있고, '락落'은 떨어지다, 깨끗해지다는 뜻을 가지고 있습니다. 우리가 거추장스럽게 주렁주렁 달고 있던 것을 다 떨어뜨리고 나면 깨끗해지지요. 바로 그걸 말합니다. 그래서 여기서의 탈락은 해탈과 청정을 말하는 것으로 한마디로 말하면 몸과 마음이 다 해탈되었다, 자유로워졌다 이 말입니다. 즉, 몸과 마음이 집착에서 벗어나 자유로운 것, 그것을 신심탈락이라고 하는 것이지요.

　표현이 조금씩 다를지 모르지만 우리가 절에 다니는 것은 자유를 구가하기 위해서 오는 수가 많습니다. 자유라 하는 것은 쉽게 말해서 하고 싶은 대로 하는 것이지요. 돈의 문제가 되었든지, 이성의 문제가 되었든지, 건강의 문제가 되었든지 또 번뇌의 문제가 되었든지 간에 절에 가면 이것에서 해방 되지 않을까 하고 기대하는 게 사실이지요. 불교대학에서 공부하는 것도 불교 공부를 함으로 나의 사고가 넓어지고 내 마음이 넓어지리라 기대하는 경우가 많지요. 그것도 일종의 신심탈락이라고 해도 틀림이 없습니다.

　집착 하나 내려놓고, 또 집착 하나 내려놓고 정신 수준을 한 단계 한 단계 밟아 올라가는 것 내지 완전히 신심탈락이 된 경지를 '향상문(向上門)' 이라 합니다.

　반면 '향하문(向下門)' 은 내가 부처님 법을 배우고 공부하여 나 혼자 자유를 구가하는 게 아니라 이웃과 나누어 갖는 것을 말합니다. 위에서 아래로 향하는 문이라는 것이지요. 그래서 이 문은 봉사의 문, 포교의 문이기도 한 것입니다. 봉사와 포교, 이것도 모두 수행입니다. 그래서 아래쪽, 아직도 불교를 모르는 이들, 또는 어려운 지경에 있는 이웃을 향해서 내 온 몸을, 내 온 마음을 다 주면서 살아가는 그러한 수행이 향하문인 것입니다.

　그래서 신심탈락의 경지마저 탈락시킨 탈락신심이 바로 이 향하문에 해당합니다. 향상문인 깨달음의 경지로부터 중생제도로 돌이킨 것이지요. 나 혼자의 자유가 아니라 내 이웃을 나의 자유 속으로 다 받아들이고 또 나를 이웃 속에 던져 넣는 것입니다. 그래서 우리가 살아가야 할 방향은 집착 없는 공의 자유로운 활동이 되어야 하는 것입니다.

일체불류一切不留의 두 가지 의미 중 두 번째, 일체를 머물러 두지 아니하여 기억할 아무것도 없다는 말은 비교하여 차별상을 짓지 아니하여 마음에 담아 두지 않는다는 뜻입니다.

차별상은 비교를 하기 때문에 일어나지요. 세속의 일이라 하는 것은 다 비교하는 마음이 작용합니다. 그리고 비교한 차별상을 마음에 담아 둡니다. 이렇게 마음에 담아 둠으로써 고통이 되는 것입니다.

우리에게는 손가락 다섯 개가 있습니다. 손가락 다섯 개 중에서 제일 중요한 손가락은 어느 손가락입니까? 어떤 사람은 엄지가 중요하다, 어떤 사람은 검지가 중요하다, 또 어떤 사람은 중지가 중요하다는 등 제각각 다르지요. 이 다섯 손가락을 똑같은 손가락으로 보아야 하는데 기능에 따라 모양에 따라 다르게 보는 게 사실입니다.

현재 조계종에서 출가자를 받을 때 먼저 신체검사를 합니다.

신체검사를 할 때는 손가락이 다 있는지 없는지, 손가락에 장애가 있는지 없는지도 봅니다. 그런데 엄지손가락만이 아니라 새끼손가락만 없어도 탈락합니다. 그러니 다섯 손가락이 다 중요하지요. 사실 그리하면 안 되는데 그리하고 있어요. 장애인한테도 출가의 기회를 줘야 한다고 생각하는데 현실은 그렇지 않아 안타깝습니다.

요즘도 장자와 차자 또는 아들, 딸에 대한 차별을 하는 집들이 있습니다. 내가 차별받고 자랐다고 차별하는 것을 당연하게 생각하시면 안 되겠지요. 차별받고 자란 자녀는 그러한 차별이 큰 상처가 돼요. 훗날 그 자식 찾아가면 밥도 못 얻어먹지 않겠어요?

직업도 마찬가지입니다. 세상에는 장사하는 사람도 있어야 하고, 사업하는 사람도 있어야 하고, 농사짓는 사람, 고기 잡는 사람, 판사, 변호사, 정치가 등 온갖 직업들이 다 필요하지요. 요즘에는 직업에 대한 차별이 옛날보다 어느 정도는 덜한 것 같습니다만 한동안 판검사가 좋다고 너도 나도 판검사가 되고, 또 의사가 좋다고 너도 나도 의사가 되고 하다 보니 판검사나 의사가 남아돌아 문제가 되기도 했었습니다. 어떤 직업이 다른 어떤 직업보다 낫다, 빠쁘다 하는 것도 다 비교지요.

한국불교대학이 생기고 한참 성장할 때 불교대학에 다니던 서른여덟 살짜리 아가씨가 있었습니다. 직장은 그런대로 괜찮았는지 승용차도 몰고 다니는 등 여유가 있어 보였어요. 그때 당시 사회적으로 골드미스라는 말이 유행했는데 그 아가씨가 딱 골드미스였어요. 하루는 이 아가씨가 제게 말했습니다.

"스님, 스님 때문에 신경질 나서 잠도 못 자고, 죽겠어요."

"내가 뭐라고 했다고 신경질이 난단 말이냐?"

"스님, 혹시 나이가 서른여덟이에요?"

어떻게 제 나이를 알았는지 제 나이를 가지고 시비 아닌 시비를 거는 것이었습니다.

"내 나이가 서른여덟이면 서른여덟이지, 네가 왜 그러느냐?"

"제가 스님이랑 나이가 같아요!"

"동갑이면 동갑이지, 왜?"

"스님은 서른여덟에 절도 이렇게 크게 하고, 스님 하고 싶은 일 다 하고 사시잖아요. 그런데 나이도 같은 저는 겨우 직장 생활이나 하면서 이렇게 살구요!"

상대적으로 초라해 보인다고 생각한 것이겠지요. '스님은 이렇게 큰일을 하는데 나는 뭔가?' 하는 생각에 가만히 있는 저를 상대로 잠도 못 자겠고, 죽겠다며 화를 내는 겁니다. 이것은 그 마음 가운데 스스로 비교하여 차별상을 일으켜서 그런 겁니다. 자기는 자기 인생이, 저에게는 스님이라는 제 인생이 있을 뿐이지요.

이렇게 엄연히 다른 인생을 가지고 왜 괜한 비교를 해서 스스로 괴로워하겠습니까.

그런데 이 골드미스 아가씨만 그런 게 아닙니다. 우리가 괴롭다고 하는 것을 가만히 들여다보면 대부분 이렇게 쓸데없는 것 투성이입니다.

앞산이든지 팔공산이든지 아니면 감포도량의 연봉산이든지 한 번 가보십시오. 바위, 계곡 물, 할미꽃, 민들레꽃, 큰 나무, 작은 나무, 얼마나 좋은지 몰라요. 그렇게 좋은 것은 제각각 다른 것들과 한데 어우러져 있어서 좋은 것입니다. 바위만 좋고, 할미꽃만 예쁜 것이 아니라 각기 그 나름으로 다 좋은 것입니다. 서로 비교할 게 아니라는 말이지요.

남자와 여자를 차별하고, 승가와 세속을 차별지어서는 안 됩니다. 그 어떤 것도, 심지어 부처와 중생을 차별지어서도 안 되고, 불법과 세간법을 차별지어서도 안 되며, 일체 서로 다른 모양을 가졌다 해서 차별해서는 안 되는 겁니다. 이것이 깨인 사람, 어느 한 경지에 올라간 사람이 모든 사물을 차별 없이 바라보는 안목이지요.

브라질의 한 도반 스님한테서 전화가 왔다.
여기는 저녁인데 그곳은 아침이라고.

어느 모임에 나갔더니 스님들의 생각이
제각각이었다.
참선을 최고로 치는 이,
경 공부를 최고로 치는 이,
염불을 최고로 치는 이,
복지를 최고로 치는 이.
우리는 숱한 사람을 만나면서
늘 시차를 느끼며 산다.
그냥 그렇다고 생각만 하자.
이 순간 브라질은 저녁으로 이해하고
한국은 아침으로 이해하자.
산에 살다 보면 온갖 생명들이
제각각 멋을 부리며 살아감을 느낀다.
토끼는 토끼대로
소나무는 소나무대로
노루는 노루대로
멧돼지는 멧돼지대로
꿩은 꿩대로
달팽이는 달팽이대로.
이는 시비의 대상이 아니다.

비교할 일도 아니다.
굳이 말한다면 다 있어서 좋을 뿐.

『길손여행』 달관, 無一 우학

이 시에서 말한 것처럼 어떤 것도 비교할 일이 아닙니다. 비교하면 차별상만 일어납니다. 그러면 본인이 괴롭지요.

차별상에 가장 많은 시달림을 받았던 분이 바로 『신심명』의 저자 삼조 승찬 스님입니다. 보리 달마 대사가 서역 인도로부터 중국에 오셔서 그 법을 이조 혜가 대사에게 물려줍니다. 그리고 이조 혜가 대사는 승찬 스님에게 법을 물려줍니다.

삼조 승찬 스님은 일찍 출가한 사람이 아닙니다. 문둥병에 걸려 유리걸식하다가 나이 마흔이 넘어서 출가를 했어요. 오랜 세월 문둥병이라는 고통 속에 살다 보니 열등의식, 차별의식도 남들보다 깊지 않았겠습니까? 얼마나 괴로웠을지, 스님의 삶은 어찌 보면 죽음보다 더 혹독했을 것입니다. 몸의 고통도 미루어 짐작하기 어려울 정도인데 하물며 마음의 고통은 어땠겠습니까? 얼마나 힘들었겠는가 짐작이 가십니까?

그래서 몸도 마음도 죽음보다 더한 고통에 있던 승찬 스님은 이조 혜가 대사를 찾아가 무릎 꿇고 앉아서 한 첫마디가,

"스님, 저를 해탈시켜 주십시오."였습니다.

해탈시켜 달라는 말이 무슨 뜻이었겠습니까?

'스님, 너무나 괴롭습니다. 너무나 힘듭니다. 번뇌에 너무나 시달립니다. 차별상에 너무나 시달립니다. 저를 그런 차별상과 번뇌와 고통으로부터 해방시켜 주십시오' 그런 말이지요.

해탈이라는 말을 꼭 거창하게만 하는 것이 아닙니다. 거창한 말이 아니라도 관계없습니다. 현재 나를 옥죄고 있는, 나를 얽어매고 있는 그 무엇으로부터 자유롭게 하면 그게 다 해탈입니다. 승찬 스님의 말을 들은 혜가 대사가 말하지요.

"누가 너를 묶었느냐?"

누가 묶어 놓은 게 아니지요. 스스로 묶고 있는 거지요. 그 순간 승찬 스님은 차별상에서 벗어납니다. 그리고 법을 잇는 제자가 된 것입니다.

우리는 온갖 것을 가지고 다른 사람과 비교해서 스트레스를 받습니다. 어떤 사람은 아파트에 살고, 어떤 사람은 단독주택에 살고, 어떤 사람은 전셋집에서 살고, 어떤 사람은 시골에서 살고, 어떤 사람은 호화 저택에 사는 걸 두고 비교하여 스트레스 받을 일이 절대 아닙니다. 또는 같은 나이에 어떤 사람은 대통령이고, 어떤 사람은 국회의원이고, 어떤 사람은 시의원이고, 어떤 사람은 구의원이고, 어떤 사람은 면장, 통장인데 나는 겨우 동장이라면서 비교할 일이 아니라는 말이지요. 그렇게 생각하자 들면 이 세상 더러워서 못 살지요.

자기 위치에서 최선을 다해서 살아가면 그뿐입니다. 이웃도 좀 돕고, 열심히 불교대학 다니고, 꾸준히 정진하면서 그렇게 자기 위치에서 최선을 다해서 살아가는 게 잘 사는 것입니다.

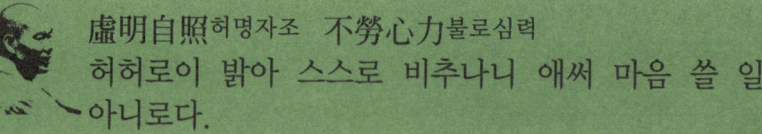

虛明自照허명자조 不勞心力불로심력
허허로이 밝아 스스로 비추나니 애써 마음 쓸 일 아니로다.

허허롭다는 것은 텅 비어서 걸림이 없다는 말입니다. 그런데 지금 이러한 도리는 중생심에서 이루어지는 이야기가 아니라 다 본래성, 본래심에서 이야기되는 부분입니다. 본래심은 신심이 견고한 자리를 말하지요. 『화엄경』에서도 '신위도원공덕모信爲道元功德母, 믿음은 도의 근원이요, 공덕의 어머니라' 하였습니다. 그래서 본래심을 찾으려면 신심이 투철해야 합니다.

신심은 믿는 마음, 믿음입니다. 내 마음이 믿음으로 가득 차면 모든 것이 훤해지고 환해집니다. 이것이 『신심명』이지요. 그리고 믿음으로 가득 찼다는 것은 청정하다는 말입니다. 그래서 믿음, 신심으로 가득 차면 그 자리는 선도 악도 초월해 버립니다.

　신심, 믿는 마음만 있으면, 그 사람을 믿는 순간부터 그 사람을 보기만 해도 얼굴이 환해지고 청정해지지요. 누가 무슨 말을 하더라도 그 사람을 믿게 되는 것입니다. 저절로 마음이 그렇게 기울어지는 겁니다. 누가 어떤 말을 하더라도 들리지 않습니다. 아무리 주위에서 그 사람은 아니라고 이야기해도 그 사람 아니면 안 된다, 결혼하지 못하면 차라리 죽는 게 낫다는 등 자기 믿음을 확신하지요.

　사람 사이의 믿음도 그런 대단한 에너지를 발산하는데 이 믿음이 진리, 부처님, 영원의 세계 또는 자성불에 대한 믿음이라면 얼마나 대단한 에너지가 발산되겠습니까. 이러한 신심은 나뿐만 아니라 내 주위 모든 사람을 이롭게 하는 신심인 것이지요. 그래서 부처님에 대한 믿음, 진리에 대한 믿음, 자성불에 대한 믿음, 자기 자신에 대한 믿음은 절대 필요합니다. 그리고 이러한 믿음은 절에 열심히 다니면 생깁니다. 모든 것이 훤하게 보여요. 믿음이 있기 때문이지요.

　신심의 바탕 위에서는 허명자조, 허허로이 밝아 스스로 비추는 자기가 됩니다. 마치 저 태양처럼 환합니다. 태양처럼 스스로 비추지요. 스스로 비춘다는 것은 스스로 구원한다는 말입니다. 절에 제대로 다니면 스스로 훤하게 되는데 누가 비춰줘서가 아니라 자기 마음에서부터 에너지가 발산된 것입니다. 저 태양이 다른 것에서 에너지를 받아 빛을 발산하는 게 아니라 스스로 빛을 내는 것과 같습니다. 허허로이 밝아 스스로 비추나니 애써 마음 쓸 일이 아니다, 이미 허허로이 밝아 스스로 비추고 있는데 무엇을 또 억지로 하겠습니까? 이 경지는 억지로 안 해도 기도도 되고, 억지로 안 해도 참선도 되고, 억지로 안 해도 봉사도 되고, 억지로 안 해도 포교도 되는 그런 단계인 것입니다. 허허로이 밝아 스스로 비추는 자리, 텅 비어서 걸림 없는 그 자리는 그러합니다.

그런 자리에 들어가려면 결국 수행밖에는 없습니다. 다라니를 외우고, 『금강경』을 외우고, 참선을 하고, 절을 해야 하는 거지요. 우리가 기도를 지극히 드리는 그 순간은 허명자조의 자리가 됩니다. 거기에는 일체 어떤 불순물도 개입될 수가 없어요. 우리가 다라니 한 편을 정성껏, 지극히 하면 허명자조의 그런 자리에 들어갑니다. 모두 합장하시고 다라니를 한 번 외워보겠습니다.

신묘장구대다라니

나모라 다나다라 야야 나막알약 바로기제 새바라야 모지사 다바야 마하 사다바야 마하가로 니가야 옴살바 바예수 다라나 가라야 다사명 나막 가리다바 이맘알야 바로기제 새바라

다바 니라간타 나막하리나야 마발다 이사미 살발타 사다남
수반 아예염 살바 보다남 바바말아 미수다감 다냐타 옴 아
로계 아로가 마지로가 지가란제 혜혜하례 마하모지 사다바
사마라 사마라 하리나야 구로구로 갈마 사다야 사다야 도로
도로 미연제 마하미연제 다라다라 다린나례 새바라 자라자
라 마라 미마라 아마라 몰제예 혜혜로계 새바라 라아미사미
나사야 나베 사미사미 나사야 모하자라 미사미 나사야 호로
호로 마라호로 하례 바나마 나바 사라사라 시리시리 소로소
로 못자못자 모다야 모다야 매다리야 니라간타 가마사 날사
남 바라 하리나야 마낙 사바하 싯다야 사바하 마하싯다야
사바하 싯다유예 새바라야 사바하 니라간타야 사바하 바라
하 목카싱하 목카야 사바하 바나마 하따야 사바하 자가라
욕다야 사바하 상카섭나녜 모다나야 사바하 마하라 구타다
라야 사바하 바마사간타 니사 시체다 가릿나 이나야 사바하
먀가라 잘마 이바사나야 사바하
나모라 다나다라 야야 나막알야 바로기제 새바라야 사바하
나모라 다나다라 야야 나막알야 바로기제 새바라야 사바하
나모라 다나다라 야야 나막알야 바로기제 새바라야 사바하

진리에 대한 믿음은 영원합니다. 우리가 사람으로 태어나서

부처님 공부를 하는 것은 이생에서 만의 인연은 아닙니다. 많은 세월을 두고 이루어진 것이지요. 그래서 좀 늦었더라도 이렇게 만나서 부처님 공부하는 것이 얼마나 감사할 일인지요. 이런 부처님의 공부, 영원의 공부와 세속의 그런 만남이나 공부와는 다름을 늘 생각해야 합니다. 사람 사이의 관계는 만나는 그 순간은 허명자조가 될 수 있으나 영원하지 않습니다. 예를 들면 불같은 연애를 하고 결혼을 하더라도 그 불같던 감정이 오래 가지 않아요. 심지어는 오랜 연애 끝에 결혼했음에도 몇 달 만에 이혼하는 경우도 있습니다. 물론 다 그런 것은 아니지만 여기에서 핵심은 사람 사이의 관계는 영원하지 않다는 것입니다.

그런데 진리에 대한 믿음, 자성불에 대한 믿음, 부처님에 대한 믿음은 좀 다릅니다. 부처님은 늘 그 자리에 계시기 때문에 내가 믿음을 바로 내기만 하면 영원합니다. 허명자조의 자리에서 영원히 노닐 수가 있다는 거지요. 그렇다면 사람 사이에는 이러한 영원한 믿음이 생성될 수 없는가? 사람 사이의 관계도 '그 사람이 나의 부처'라고 생각하면 영원한 믿음의 자리로 들어갈 수 있습니다. 물질이 오고 감이 아니라 마음만의, 마음과 마음 간의 그런 교감이 생기고 그 상대를 '저 분은 나의 부처야!' 이렇게 생각하는 순간에 바로 그 관계는 영원으로 가는 것이지요.

스스로 훤히 비추는 그런 자리는 모든 존재가 우러러봅니다.

모든 생명들이 태양을 우러러 보는 것처럼 말이지요. 그리고 그 태양과 같은 존재가 바로 우리 부처님입니다. 부처님은 일체 중생을 모두 훤히 비추면서도 스스로 환하신 분이시지요. 바로 그러한 분을 모델로 삼아서 우리가 열심히 살아가고 있는 것이지요.

한편 허허로이 밝아 스스로 비추므로 애써 마음 쓸 일이 아니라 하였지만 현실에서는 억지로 자기를 알아달라고 하는 사람이 많습니다. 억지로 알아달라는 일에는 반드시 부작용이 생깁니다.

부처님 당시 제바달다라는 사람이 있었습니다. 제바달다는 부처님 사촌 동생으로 출가하여 부처님 전에 있으면서도 반역을 일으킵니다. 부처님을 시해하려고 몇 번이나 시도하였지만 실패합니다. 경전에 보면 오백 명의 무리를 이끌고 나갔는데, 함께 나갔던 다른 모든 제자들은 부처님 품으로 다시 돌아와요. 하지만 제바달다만 거지가 되어 돌아다니다가 죽어서 결국 까마귀 떼의 먹잇감이 되었다 합니다. 인도에는 까마귀가 아주 많아서 까마귀 떼의 먹이가 되었다는 말이 과장만은 아닐 것 같은데, 또 어느 경전에서는 생함지옥 즉, 산 채로 지옥에 떨어졌다고도 말합니다.

이 제바달다는 억지로 부처가 되려고 그런 짓을 했던 것입니다. 심지어 부처님 전에 나아가서 다음과 같이 말했습니다.

"부처님, 당신은 지금까지 높은 자리에서 수많은 대접을 충분히 받았으니 이제 좀 내려오십시오. 그래도 제가 가장 가까운 사촌 동생 아닙니까? 이제 제가 그 자리에 앉았으면 좋겠습니다."

그러자 부처님께서 말씀하십니다.

"나는 대접받으려고 한 것도 없고, 늘 이 자리에 있을 뿐이다. 너도 열심히 수행하여 아라한이 되고 부처가 되려고 노력해야지 어찌 쓸데없는 자리에 신경을 쓰느냐?"

이 말을 들은 제바달다는 더욱 화가 나서 부처님 자리만 욕심을 내었던 것이지요.

부처님이 아무리 좋은 말씀을 하셔도 그 마음이 삐뚤어져 있으면 옳게 받아들여지지 않습니다. 그래서 제바달다는 온갖 이상한 소문을 퍼뜨립니다. 부처님 같은 분도 그런 곤욕을 당한 것을 보면 우리 보통 사람들은 더 말할 나위도 없겠지요.

부처님은 스스로 밝고 스스로 비추시는 분이므로 애써 자신을 드러내지 않습니다. 『금강경』에 몸에서 향기로운 냄새가 나는 사향노루는 산마루에 올라 억지로 바람 앞에 서지 않고 저 골짜기 어디엔가 있는 것만으로도 그 향기가 온 산천을 진동시킨다 했습니다. 바로 그 자리가 억지로 나타내려고 하지 않아도 공덕이 다 드러나게 되는 허명자조한 자리입니다. 우리는 그러한 허명자조의 자리, 밝음의 자리에 들기 위해 부처님을 모델로 삼고 부처님을 본받으려고 어쨌든지 애를 써야 합니다.
어떻게 애를 써야 하는가?

첫 번째 정법도량을 잘 찾아다녀야 합니다. 물론 진리 없는 데는 없습니다. 마구간에도, 개똥에도, 개울가에도 있고, 산꼭대기에도 있는데 눈이 어두워서 보지 못할 뿐입니다. 그래서 '이것이 진리다!' 하고 손에 딱 쥐어 주는 정법도량에 가야 하는 것입니다. 본래 밝은 부처님의 말씀 그대로를 지향하는 그런 도량이라야 됩니다. 절이라고 다 같지는 않아요. 경전 중심의 교육과 365일 끊이지 않는 기도 소리, 나와 남이 모두 행복하도록 노력하는 한국불교대학 大관음사를 바로 정법도량 중의 정법도량이라 할 수 있겠습니다.

시집가기 전에는 그 집 사람이 되려고 아무리 해도 잘 되지 않아요. 그런데 시집만 가면 자연스럽게 그 집 사람이 돼요. 억지로 하려고 하지 않아도 저절로 됩니다. 그것처럼 불교 집안, 그것도 정법도량 문중에 일단 들어가면 허명자조의 문 앞까지 간 것과 같아요.

두 번째는 오래 오래 숙성시켜야 합니다. 설익으면 독이 되기 쉬워서 먹으면 탈이 납니다. 『법화경』에 언급되는 제호라는 우유가 있습니다. 이 제호는 제호상미醍醐上味의 준말로서 다섯 단계의 우유 중에서 다섯 번째로 가장 영양가 있고 가장 맛있는 우유입니다. 그냥 우유에서 이 제호가 되기까지 많은 시간이 필요합니다. 와인이나 양주도 대체로 오랜 세월 숙성된 것을 최고로 하지요. 보이차도 그렇습니다. 오십 년 이상 묵은 보이차는 아주 고가입니다. 일이 년 된 차는 명함도 못 내밀어요.

먼저 정법도량을 찾고 나면 이 정법도량에 다니는 것도 숙성시켜야 합니다. 일이 년? 오륙 년? 아니 십 년, 이십 년 다니면서 완전한 불자가 되도록 숙성시키는 것이지요. 스님이 출가해서 스님으로 몸과 마음이 바뀌는데 전력투구하면 약 칠 년 걸립니다. 하루아침에 된 게 아니라는 말이지요. 건강검진에서 암이 발견되었다면 그 암이 며칠 전에 생겨났겠습니까? 그냥 갑자기 툭 튀어나온 게 아닙니다. 오랜 세월 서서히 자라온 것이지요. 그래서 바로 이와 같이 숙성이 필요하다는 것입니다.

출가자와 같이 재가자도 오로지 기도 수행만 칠 년 정도 전력투구하면 몸과 마음이 변합니다. 그러나 일반적으로 직장도 다니면서 또는 살림 살면서 또는 공부하면서 기도 수행하여 몸과 마음을 바꾸는 데는 당연히 훨씬 오래 걸리겠지요? 그래서 칠 년이 삼십 년, 오십 년이 되기도 하는 것입니다.

그런데 이렇게 숙성시키는 중에 바람이 들어가면 어떻게 되겠습니까? 그저 독 밖에 안 되지요. 열심히 숙성 시켜야 하는데 괜한 바람 들어서 절에 다니지 않는 사람들이 생각보다 많습니다. 엉뚱하고 이상한 소리를 듣고 그런 소리에 끌려 다니면 자신이 황폐화됩니다. 그리고 그 바람은 서서히 들어와 자신이 황폐화되고 썩고 있는지도 모릅니다. 그래서 나중에는 완전히 마구니밖에 안 되는 거지요. 주위 사람 누구에게든지 희망이 되고 득 되는 사람이 되어야 하는데, 그 사람만 가면, 그 사람 얘기만 들으면 신경질 나고 신심 떨어진다면 바로 그것이 독이고 마구니고 바람든 것이지요. 그러므로 누구를 험담하고 부정적인 말을 하는 것을 들을 때는 마구니가 제대로 숙성시키고 있는 내게 바람을 넣는다, 그렇게 생각하고 귀를 닫아요. 그게 바람 들지 않는 상책입니다.

    그래서 일단 정법도량을 만나야 하고, 정법도량을 만나고 나면 절대 기회를 놓치지 말고 공부하고 수행하고 봉사하며 계속 숙성 시켜가야 합니다. 그러면 부처님처럼 복덕과 지혜를 다 갖춘 위대한 존재, 허허로이 밝아 스스로 비추는 존재가 되어가는 거지요. 그리고 오래오래 공부하고 수행하고 봉사하고 숙성만 되면 억지로 애 안 쓰는데도 내 일이 보살행이 되고 내가 하는 일이 주위 사람들에게 득이 되는 그런 행이 됩니다.

新年天日出 신년천일출
地上風尤快 지상풍우쾌
山僧心閑暇 산승심한가
沈潛墨香坮 침잠묵향대

신년의 하늘 해 떠오르니
지상의 바람은 더욱 상쾌하여라.
산승의 마음 한가로워서
묵향의 공간에 깊이 잠기네.

『명상일기(하)』 새해에, 無一 우학

절에 열심히 다니면서 수행을 많이 한 사람을 보고 사람들은 '저 사람은 어떻게 얼굴이 저렇게 환하지?', '저 사람은 별로 애를 쓰는 것 같지도 않은데 어떻게 일이 척척 풀리는지?' 그런 소리를 합니다. 이미 그 사람은 허명자조의 자리에 들어 완전히 세상 진리에 눈을 뜨게 된 것이지요.

혹 어떤 사람이 여러분에게 이렇게 묻습니다.
"너 한국불교대학 다닌다며? 한국불교대학이 그렇게 대단해?"
"대단하지!"

"그렇게 대단한 한국불교대학에 다닌다니 뭐 하나 물어보자! 진리가 뭐야?"

"유록화홍柳綠花紅, 버들은 푸르고 꽃은 붉다."

이 한마디면 다 끝납니다. 더 이상 설명할 게 없어요. 버들은 푸르고 꽃은 붉다, 이것이 진리입니다. 모든 존재는 그 가치를 분명하게 드러내고 있습니다. 그래서 허명자조의 자리에 들어가면 진리 그대로가 눈에 보이는 겁니다. 또한 모든 존재는 제가 있어야 할 자리에 있습니다. 안횡비직眼橫鼻直, 눈은 옆으로 찢어져 있고 코는 똑바로 서 있음과 같이 그 위치에 있어야 할 만한 이유가 있습니다.

이와 같이 일체 만물은 명력력明歷歷, 진리 그 자체로 분명하게 역력하고, 또한 그러면서 노당당露堂堂, 숨김없이 그 존재를 당당히 드러내고 있는 것입니다.

그러므로 어쨌든지 정법도량을 찾아 나를 숙성시키는 노력을 해야 하겠습니다. 그런데 우리는 이미 정법도량을 만났으니 불어오는 바람을 막고 참선 수행과 기도, 봉사와 포교를 통해 나를 숙성시킬 일만 남았습니다. 이제, 허명자조 불로심력의 자리가 불과 멀지 않았습니다.

無作不福
짓지 않으면 얻을 게 없다

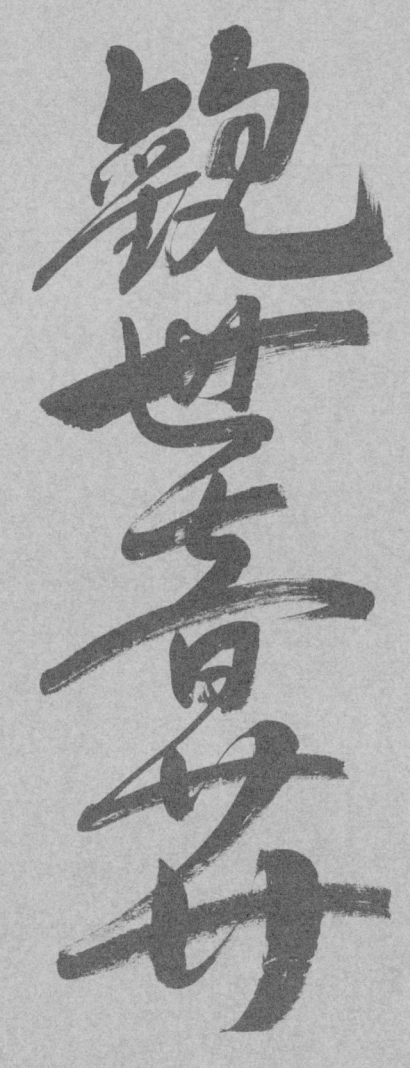

관세음보살

30

생각으로 헤아릴 곳 아님이니
의식과 망정으론 측량키 어렵도다.
바로 깨친 진여의 법계에는 남도 없고 나도 없음이라.

非思量處비사량처라　識情難測식정난측이로다
眞如法界진여법계엔　無他無自무타무자라

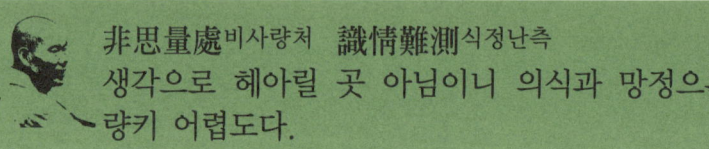

식은 의식, 정은 망정입니다. 이 망정은 망령된 감정으로 간단히 감정이라 말할 수 있습니다. 의식과 감정으로 측량키 어렵다는 것은 근원의 자리를 설명하기가 어렵다, 허명자조의 자리가 의식과 감정으로 측량하기 어렵다는 말입니다.

외길 양쪽에서 두 장님이 걸어오고 있습니다. 둘 다 장님이라 그만 부딪쳐 벌렁 넘어졌습니다. 화가 난 한 장님이 옷을 툭툭 털고 일어나면서 고함을 칩니다.

"당신은 눈도 없어?"

그러자 다른 장님도 옷을 털고 일어나면서 고함을 치며 대꾸합니다.

"어이, 이 사람아! 보면 몰라?"

이 이야기를 들으면 먼저 웃음이 나겠지만 사실, 우리 삶이 그러하지는 않은지, 우리가 눈 뜬 장님은 아닌지 생각해볼 일입니다.

생각이라 하는 것은 참으로 한계가 있고 진실을 나타내지 못할 때가 많습니다. 특히 자기 의식과 자기 감정은 그렇지요. 그런데 근원의 자리, 앞서 얘기했던 허명자조의 자리는 바로 의식과 감정, 자기 생각을 초월한 곳에 있습니다. 생각도 다다를 수 없고 의식과 감정도 다다를 수 없는 그 자리에 근원이라고 하는 자리가 있어요.

우리는 어떤 일이 닥쳤을 때 의식과 감정으로 처리하려고 할 때가 많지요. 저 사람은 나와 가까우니까 좀 더 속내를 드러내 보이고, 저 사람은 나랑 통화를 자주 하니까, 또 저 사람은 나랑 카페 활동을 같이 하니까 믿고 모든 얘기를 하지요. 그런데 사실 생각이나 감정은 허망하기 짝이 없습니다. 제일 허망하고 실속 없고 구질구질한 것이 여기서 보이는 의식과 감정이라고 하는 것입니다. 그러한 의식과 감정으로 맺은 인연은 잠시 효과가 있고 잠시 잘 될지 모르지만 출세간적으로 진리적 입장이나 안목에서는, 다 십만 팔천 리 본질과는 동떨어진 경우가 대부분입니다. 의식과 감정으로 어떤 일을 하거나 사람을 대하는 것은 허망하고도 허망할 뿐입니다.

적어도 절에 다니는 사람은 본질을 볼 줄 알아야 하고, 본질을 보려고 노력해야 합니다. 의식과 감정으로 다니면 안 되지요. 그런데 '그 절에 가면 스님이 마주 앉아서 차도 끓여주더라' 하는 소리를 들으면 그 절에 갔다가, 또 '어느 절에 가면 스님이 사주 봐 주시는데 용하다는데' 하는 소리에 그 절로 옮겨보고 하는 것은 본질을 보지 못하기 때문입니다. 버선발로 뛰어나가 반가워하거나 이것저것 먹거리를 챙기는 게 우선 좋기는 하나 절에 다니는 본질은 아닌 것입니다. 본질도 벗어나지 않고 나를 알아봐 주면 더 좋겠지만, 나를 알아봐 주기를 바라는 의식과 감정은 대부분 본질을 벗어나게 하는 것이 문제이지요.

더러 한국불교대학은 가도 알아주는 사람도 없고, 회주라는 스님도 무정하기 짝이 없어 가기 싫다는 얘기를 듣습니다. 그렇게 볼 수도 있지만 그게 다는 아닙니다. 회주인 저는 한국불교대학을 찾는 모든 사람들을 대상으로 법문하고 기도하고 축원할 뿐입니다. 차별을 두지 않는다는 말입니다. 차를 대접하고 먹을 것을 대접하는 것은 문밖의 일입니다. 그런 것은 세상 어디에서도 할 수 있는 일이지요. 어디에서나 할 수 있는 것을 절에서 찾을 게 아니라 더욱더 깊은 자리에서 만날 생각을 해야지요. 그래서 문밖에서 그냥 악수나 하고 정을 나눌 게 아니라 문안으로 들어가 더 깊은 곳으로 함께 갈 수 있도록 회주로서 또 스님으로서 법문하고 기도하고 축원하는 것에 최선을 다하는 것입니다. 그것이 집안으로 들어가는, 깊은 곳으로 들어가 더욱더 그윽한 곳에서 만날 수 있는 방법이기 때문입니다.

수행도 마찬가지입니다. 우리의 의식과 감정, 이것 가지고는 깊은 내면의 세계에 못 들어갑니다. 자기 생각을 모두 내려놓고 얄팍한 꾀, 장난질 이런 것도 모두 없애야 합니다. 얄팍한 꾀나 자기 감정, 자기 생각으로는 참선이나 기도의 그 깊은 곳까지 도달할 수 없습니다. 그래서 우리가 신묘장구대다라니를 외우고, 관음정근을 하고, 독송을 하고, 참선을 할 때는 모든 감정과 생각을 다 내려놓고 해야 하는 것입니다. 자기 생각이라고 하는 것은 극히 한계가 있고 자기 욕심에 기인하기 때문에 진리를 바르게 통찰할 수가 없기 때문입니다.

參禪絶莫用人情 참선절막용인정

用得人情道不成 용득인정도불성

수행할 때는 절대로 인정을 쓰지 말라.

인정에 끄달리면 도를 이루지 못한다.

늘 이 생각을 해야 합니다. 스님들이 출가하면서 가족을 떠나고, 처자식을 두지 않는 것도 바로 인정을 넘어선 그 깊은 곳, 그것을 갈구하기 때문입니다.

그런데 재가자는 물론 출가한 스님들 중에도 정을 내려고 하는 이가 많아요. 물론 특별한 경우라는 것도 있지만 대부분 정을 내게 되면 공부가 안 됩니다.

우리 법우님들의 경우, 아침에 마음먹고 불교대학 가방 들고 나오다가도 '꼭 할 얘기가 있어. 네가 들어줬으면 하는데 차 한 잔 할래? 팔공산 가자' 한다거나 '오늘 날씨도 좋은데 감포 바다에 바람 쐬러 가자. 내가 회 살게' 하면 차마 정 때문에 거절 못하지요. 그래서 가방 들고 그대로 친구 만나서 팔공산 가거나 감포까지 드라이브나 하게 되는 것이지요. 눈 딱 감고 불교대학 가야 하는데 인정 쓰는 거지요.

공부하는 수험생에게 엄마가 뭐라고 합니까? 아무것도 신경쓰지 말고, 친구 좋아하지 말고 공부나 하라고 하지요. 마찬가지로 그런 자질구레한 인정에 끄달리면 공부할 수가 없습니다.

　그래서 우리가 공부하고 수행할 때는 절대 찾지 못하게 하고 문 걸어 잠그고 기도해야 됩니다. 기도하다가 애들 밥 챙겨주고, 기도하다가 텔레비전 꺼주고 하다가는 올곧은 기도가 안 되지요. 깊은 그 자리에 들어가기 위해서는 생각의 범위를 넘어서야 되고, 의식과 감정을 넘어서야 합니다.

　삼처전심三處傳心을 기억하십니까? 삼처전심이란 말 그대로 석가세존께서 세 곳에서 가섭 존자에게 마음을 전한 것을 말합니다.

　먼저 염화시중거염화拈華示衆擧拈花 혹은 영산회상염화시중靈山會上拈華示衆 또는 영산회상거염화靈山會上擧拈花입니다. 영취산에서 부처님께서 설법하실 때 하늘에서 꽃비가 내렸는데 그 중에 연꽃 한 송이를 드시니, 저 뒤에 있던 가섭만이 빙그레 웃습니다.

　두 번째는 다자탑전분반좌多子塔前分半坐로 다자탑 위에서 부처님께서 법문을 하시는데, 누더기 옷을 입은 가섭 존자가 늦게 도착합니다. 사람들이 허름한 가섭 존자를 은근히 비웃을 때 부처님께서 자리의 반을 슬그머니 내주셨습니다.

　세 번째는 사라쌍수곽시쌍부沙羅雙樹槨示雙趺로 부처님께서 쿠시나가라 사라수 아래서 열반에 드셨는데, 먼 곳에 있던 가섭 존자가 늦게 도착한 것입니다. 그때 슬피 우는 가섭 존자를 위해서 부처님께서 관 바깥으로 두 발을 내보이신 것을 말합니다.
　이 삼처전심은 감정이나 의식으로는 안 됩니다. 이심전심 하는 묘한 도리가 아니고는 말이지요. 생각으로 헤아릴 곳 아님이라, 의식과 망정으론 측량키 어렵도다, 딱 이 말입니다.

　불교는 대단한 철학을 가지고 있습니다. 팔만대장경만 보더라도 그야말로 엄청난 분량입니다. 그러나 철학에 머물러 있으면 안 됩니다. 그 철학을 넘어서 또 대단한 무엇이 있기 때문에 불교, 불교 하는 것입니다. 그래서 자기 의식과 감정으로 절에 다니면 안 되지요. 모든 자기 감정, 자기 생각을 다 접어야 합니다. 왜냐하면 아무리 영양가 있는 얘기를 제가 목이 쉬어가면서 한다 하더라도, 자기 식대로 받아들이면 시간만 낭비하는 것이기 때문입니다. 분별심 없는 무념의 세계에 들어가기 위해서는 마음을 다 비워야 돼요. 진공묘유眞空妙有, 진공이라야지 묘유의 가치가 나타납니다.

　화두 중에 안수정등岸樹井藤이라는 고난도의 화두가 있습니다. 안수정등의 내용은 이러합니다.

　허허벌판의 사막에 어떤 사람이 홀로 외로이 서 있었습니다. 그런데 저 멀리에서 미친 코끼리가 막 거품을 물고 이 사람에게로 달려와요. 코끼리한테 받히거나 밟히면 죽을 테니 이 사람은 본능적으로 살 길을 찾습니다만 피할 길이 없어요. 그때 언덕 밑 우물 하나를 발견합니다. 그리고 그 우물로 등나무 덩굴이 드리워져 있는데 이를 안수정등이라고 하지요. 한자 언덕 안岸, 나무 수樹, 우물 정井, 등나무 등藤 자입니다.

생사의 기로에 선 사람은 얼른 우물로 드리워진 등나무 덩굴을 타고 우물 안으로 반쯤 들어갔는데 뛰어내리려고 보니 우물 바닥에는 시커먼 독사 네 마리가 내려오기만 하면 물어버리겠다는 듯이 혀를 날름거리고 있어요. 그러니 또 기겁을 하고 오로지 줄 하나에 의지해서 올라가지도 그렇다고 내려가지도 못하고 매달려 있는 겁니다. 그런데 이 급박한 상황은 여기서 끝난 게 아닙니다. 어디에서 사각사각 소리가 나서 보니 이 사람이 매달려 있는 등나무 덩굴을 흰쥐와 검은쥐가 갉아먹고 있었습니다. 그리고 이 와중에 등나무 덩굴에 있던 벌통에서 꿀이 똑똑 떨어지는 것을 본 이 사람은 입을 벌려 꿀을 받아먹어요.

지금 그 줄에 매달려 있는 게 나라면 당장 무엇을 할 수 있을 것인지, 어떻게 하면 살아날 수 있을 것인지, 오래 생각할 것도 없고, 딱 십 초 간 한번 생각해 보세요. 대답을 못 했다면 죽은 것이지요. 안수정등, 십 초가 아니라 평생 동안 생각한다고 해도 중생의 생각으로는 해결할 방법이 없습니다. 중생의 의식과 감정으로는 그 같은 상황에서 살아날 길이 없어요.

그래서 화두를 들 때, 기도할 때는 내 생각이라는 것 자체가 없어야 하는 것입니다. 일체의 생각, 일체의 자기의식 감정을 떠나버려야 합니다. 우리가 신묘장구대다라니를 독송할 때 아주 빨리 하지요? 그것이 다 조금의 잡념이나 의식, 감정 등이 개입할 수 없도록 하기 위해서 그런 것입니다. 거듭 말하지만 진리의 세계, 부처님의 세계는 생각이나 의식이나 감정 등이 개입하면 그 세계에 들어갈 수 없습니다.

이러한 말씀이 현재 우리의 삶에 어떻게 응용되어야 할까요? 우리가 사물을 볼 때나 사람을 볼 때 그 진실 자체를 보려고 애를 써야 합니다. 절대 자기 감정을 개입시키면 안 됩니다. 하지만 대부분의 사람들은 자기 감정대로 분별심을 일으키지요. 나는 봉사하니까, 나는 임원이니까 하는 생각을 합니다. 그런 명예심은 달팽이 뿔만도 못한 것입니다. 자기 의식과 감정으로 활동하려고 하니 문제가 생기는 것이지요.

중생인 자기 생각, 중생인 자기 감정, 그것을 버려야지 비로소 진실이 보입니다. 임원이면 임원답게 봉사자는 봉사자답게 본분자리, 본분사를 잘 지켜서 살아가면 될 일입니다. 불자는 불자로서, 직장인은 직장인으로서 충실하면 되는 것입니다. 그렇게 하는 것이 자기 생각, 자기 감정을 넘어서서 근본의 자리로 나아가는 길입니다.

> 문 없는 선방까지 복잡한 문제들이 엉금엉금 기어 들어온다. 하나도 아니고 둘, 셋, 끝도 없이….
> 온갖 일들이 누더기 옷소매 끝을 잡아끄는 겨울바람처럼 끈질기다. 시자 스님의 잦은 발걸음에 붙은 고민들이 무겁다. 사진반은 사진만 찍고, 풍물단은 풍물놀이만 하고, 수행자는 수행만 즐기면 될 일인데 어찌 그렇게들 가탈스럽게 나븟나븟 하는가. 천성이 고삭부리이니 알심도 내버려두고 하늘 한 움큼 베어 물련다. 슬기주머니 두둑하니 홀라당 벗을 만한데 나직한 방하착放下着 턱 넘어 부담 없이 자화자찬한다.
>
> 『명상일기(하)』 내버려두고, 無一 우학

이 시를 쓸 때 심정이 '무슨 일을 하든 순수한 마음으로 할 수 없을까?' 딱 그것이었습니다. 무문관, 문 없는 선방까지 하루가 멀다 하고 복잡한 문제들이 하나, 둘도 아니고 계속 들어오는데 중간에서 정리하는 시자 스님의 발걸음까지 붙을 지경이었으니…. 누구라 할 것 없이 자기 의식과 감정을 다 내려놓고 순수한 마음으로만 하면 되는데 그렇지 못해서 시끄러운 겁니다.

거듭 강조합니다만 완전한 가치, 부처님 자리, 허명자조의 자리, 정법의 봉우리에 올라가려면, 자기 식대로 자기 감정대로 말하고 처리해서는 갈 수 없습니다. 그래서는 불자라 할 수가 없습니다. 절에 가서 부처님 시키는 대로 잘 따르는 것이 신심이요, 그런 사람이 불자지요. 불자는 정법도량의 스님이 법문하는 대로 따르면 됩니다. 모든 걸 다 내려놓고 들어도 들릴까 말까 하는데 전부 자기 생각만 챙기고 듣는데 들리겠습니까! 절에 다니는 불자가 부처님 식이 아니라 자기 식대로 할 것 같으면 절에 갈 이유가 없는 것입니다. 절에 다니면서 내 의식대로 내 감정대로 고집하는 것은 내 도반에게까지 그 피해가 갑니다.

자기 생각, 자기 감정은 참으로 아지랑이와 같아서 허망하기 짝이 없습니다. 시끄러울 이유가 없는데 시끄럽고, 복잡할 이유가 없는데 복잡하게 하는 원인이지요. 그렇기 때문에 나와 남을 시끄럽게 하는 자기 생각, 자기 감정을 방하착해야 될 충분한 이유인 것입니다. 누구보다 나를 위해서라도 내려놓음, 바로 방하착放下着을 해야 하는 것입니다.

조주 스님에게 어떤 사람이 찾아 왔어요.

"스님 급히 오느라고 빈손입니다."

우리도 어른에게 인사갈 때는 빈손으로 가지 않지요. 그것처럼 큰스님께 인사하러 왔으면서 빈손으로 온 것이 송구해서 이렇게 인사하는 겁니다. 그 말을 들은 조주 스님이 대답합니다.

"내려놓게."

"스님, 아무것도 들고 오지 못 했다니까요!"

"그래? 그럼 계속 들고 있게."

미안한 마음을 내려놓으라는 것인데 말귀를 못 알아듣는 겁니다. 그렇다면 어떻게 하는 것이 우리가 방하착, 내려놓는 것이 될까요? 대답은 간단합니다. 부지런히 정진할 뿐이고, 잡다한 생각 없이 순수하게 봉사할 뿐이지요. 오직 정진하고 봉사할 뿐입니다. 연어떼는 수천만 리 바닷길을 헤엄쳐서 모천으로 회귀하고, 도요새도 수천만 리를 날아서 우리나라까지 옵니다. 이 무리에는 대장이 있어서 그 대장의 리더십에 의지하여 부지런히 날갯짓을 하고 부지런히 지느러미를 움직여서 대장정을 완성하는 것이지요. 그런데 그 여정 중에 자기 생각, 자기 감정을 개입시켜서 가고 싶은 데로 간다면 결국 그 무리에서 이탈하게 됩니다. 그것처럼 부처님의 말씀이 바로 선 정법도량을 의지하고 그곳의 스님을 의지하여 제 본분을 지키는 것, 그것이 내려놓음입니다.

옛날에 현사사비玄沙師備라는 스님이 계셨는데 어떤 스님이 와서 물었습니다.

"온갖 언어와 문자는 모두 함정에 빠뜨린다 하니, 함정에 빠지지 않는 진리를 일러주십시오."

"우선 그대 생각의 저울대를 꺾어 버리고 오면 그때 내가 말해주리라."

우리의 생각과 의식 그 너머에 있는 진리 또는 부처님 세계에 가려면 신행해야 합니다. 참선하고 기도해야 갈 수 있는 곳이지 그 이외에는 대안이 없습니다. 그래서 불자라면 적어도 하루 두 시간 이상은 정진해야 합니다.

深海底行不濕脚 심해저행불습각
高峰頂立不露頂 고봉정립불로정
깊은 바다 속을 걸어도 다리가 젖지 않고,
높은 봉우리에 올라서도 머리가 드러나지 않네.

진리의 세계에 들어가면 바로 이와 같습니다. 깊은 바다를 걸어도 다리가 바닷물에 젖지 않고, 높은 봉우리에 올라섰는데 머리가 드러나지 않다니, 과연 그런 세계가 있겠는가? 있습니다. 다만 참으로 불가사의한 이 자리는 중생의 생각으로 헤아릴 수 없고 의식과 감정으로 측량할 길이 없는 자리인 것입니다. 바로 이러한 자리가 있음을 알고 우리는 늘 생각하기를, 내 생각과 내 감정과 내 의식은 극히 한계가 있고, 진실을 보는 데 오히려 장애 요소일 뿐이라는 걸 유념해야지요. 그래서 화두를 잡거나 다라니를 독송하거나 정근을 하는 것은 내 생각을 다 놓아 버리므로 진실의 세계, 더 큰 세상으로 나아가는 하나의 큰 다리가 되는 거지요.

또한 이렇게 정근하기를 미뤄서는 안 됩니다. 무상신속無常迅速 시부대인時不待人, 시간의 옮겨감이 신속하다, 시간은 사람을 기다려 주지 않는다는 말입니다. 그런데도 시간이 영원한 것처럼 내일 하면 된다는 생각으로 오늘 공부 안 하고, 오늘 정진 안 하고, 오늘 봉사 안 하면서 언제 좋은 일하고 언제 수행하겠습니까? 변화가 신속하니, 시간이 사람을 기다리지 않더라, 이처럼 시간이 없습니다.

眞如法界진여법계　無他無自무타무자
바로 깨친 진여의 법계에는 남도 없고 나도 없음이라.

스님이 목탁을 두드리면 그 목탁 소리가 나를 때리는 것으로 들려야 합니다. '목탁 소리가 나를 때리는구나. 목탁 소리가 나를 때리는구나. 목탁 소리가 나를 때리는구나….' 하고 거듭거듭 목탁 소리를 듣고 자각해야 해요. '목탁 소리는 목탁 소리, 나는 나!' 라고 생각하면 안 되는 겁니다.

진여를 범어로 '타타타'라고 하는데 사물이 있는 그대로의 모습을 의미합니다. 사물 그대로의 모습은 모든 현상의 실다운 성품이기도 하지요. 이를 우리말로 간단히 '참다움' 이렇게 말할 수 있습니다. 그래서 진여법계는 참다움의 법계입니다. 사실 법계 자체가 진리의 세계입니다. 또한 진여가 의지한 세상, 진여가 활동하는 무대가 법계지요. 이러한 진여법계가 무타무자라고 하는 것은 진여법계라고 하는 진리의 세계, 참다운 진리의 세계는 남이라 할 것도 없고 나라고 할 것도 없다는 뜻입니다.

우리가 불교대학에 와서 공부하는 것은 궁극적으로 진리의 세계를 추구하기 위해, 진여법계에 들어가기 위한 것입니다. 얼마나 멋있는 일입니까? 이것보다 더 멋있는 삶이 어디 있겠습니까!

不風流處也風流 불풍류처야풍류
풍류 아닌 곳에 풍류가 있음이라.

흔히 노래하고 춤추고 산천을 유람하는 등 이런 모든 것을 두고 풍류를 즐긴다고 합니다. 그런데 이런 세상의 즐기는 것과 불자가 절에서 즐기는 것은 다릅니다. 세상 사람들의 눈에는 '만날 절에 가는 게 무슨 재미있을까?' 하고 이해가 되지 않습니다. 또 절 얘기하는 것을 들으면 '그게 뭐 그리 재미있어? 하나도 재미없구만!' 합니다.

그러나 불교의 참맛을 아는 사람에게는 이것보다도 더한 풍류가 없어요. 이것보다도 더 재미있는 게 없어요. 불교대학에서 공부하고 있는 법우님이나 기도하러 매일 절에 가는 법우님이나 모두 풍류 아닌 곳에 풍류가 있음을 이미 알고 있는 분들입니다. 얼마나 멋있는 사람들입니까?

우리는 금으로 금반지, 금목걸이, 금돼지, 금두꺼비 등 내가 만들고 싶은 모양으로 만들어 가집니다. 만들기를 금팔찌로 만들었든, 금가락지로 만들었든 결국은 모두 같은 금입니다. 모양만 다를 뿐이지요. 과거 우리나라가 IMF 경제 위기 당시 금모으기 운동을 할 때 금목걸이는 받고, 금반지는 안 받고 하지 않았어요. 금이면 모양을 상관하지 않고 모두 모았습니다. 모양을 따지는 게 아니라 본질만 본 것입니다.

이 진여법계의 세계를 노니는 사람들은 시시한 것을 생각 안

해요. 한국불교대학에 다니기 전에는 어떤 옷을 입었느니, 어떤 가방을 들었느니 따지고 살았지만 불교대학을 다니고부터는 달라요. 깨끗하게 차려입고, 가방 하나 척 들었을 뿐인데도 멋있어요. 바로 눈에 보이는 모양을 따지는 게 아니라 본질을 논하기 때문에 그런 것입니다. 언제부턴가 차별상이 싹 사라져 버려서 자기 갈등도 안 생겨요. 남자와 여자, 승과 속, 선과 악 등 이런 모든 차별이 진여법계에선 싹 녹아버려요.

가까운 예로 우리 한국불교대학의 종무원, 무량수전, 참좋은 어린이집과 유치원, 엔지오 비유디, 참좋은 병원 등 직원을 모두 합하면 수백 명입니다. 하지만 이 직원들의 부모가 어떤 일을 하는지, 애인은 있는지 없는지를 제가 알려고 하지도 않지만 알 바가 못됩니다. 왜냐하면 모든 직원을 동등하고 평등하게 보기 때문입니다. 각자 주어진 일에 최선을 다하면 그뿐입니다. 그 외의 것은 괜한 선입견만 부르지요.

진여법계의 자리는 또한 무아無我의 자리입니다. 무아라야 들어갈 수 있다는 말이지요. 그러니 나를 내세우면 진여법계엔 들어갈 수 없습니다. 나를 완전히 다 내려놓아야 가능합니다.

제행무상諸行無常 모든 존재는 다 무상하고, 제법무아諸法無我 모든 존재는 다 무아이며, 일체가 무상이고 무아인 것을 여실히 체득한 그 자리가 열반적정涅槃寂靜입니다. 이것을 삼법인三法印이라 하지요. 이렇게 세상 모든 것이 무상하고 무아인데, 그것을 받아들이지 않고 진리에 역행하면 모든 것이 고통으로 받아들여집니다. 모든 것이 다 무상하고 무아인 것은 틀림없는데, 받아들이는 사람이 어떻게 받아들이느냐에 따라서 완전한 행복, 열반의 세계가 되고, 일체개고一切皆苦가 되는 것이지요.

그래서 완전한 행복을 맛보기 위해 수행과 기도가 필요한 것입니다. 참선하고 화두를 들고 다라니를 독송하고 사경하고 절하는 것으로 나를 완전히 내려놓기가 가능해집니다. 또한 참선을 하거나 화두를 들거나, 열심히 다라니를 외우면 점점 나라고 하는 것이 전부 깎여 결국에는 무아의 세계에 들어가게 되는 것이지요.

종종 관세음보살님이 남자인지 여자인지 물어오는 사람들이 있습니다. 중생의 생각으로는 남자, 여자가 있지만 진여법계의 자리에는 남자와 여자가 없습니다. 완전한 진리의 세계에는 남녀, 승속이라고 하는 상대성과 차별성이 없어요.

그래서 관세음보살은 그냥 관세음보살일 뿐이지요. 굳이 말한다면 초성 또는 통성입니다. 성을 초월하였다고 해서 초성, 모든 성에 통한다고 해서 통성이라고 합니다. 부처님은 중생이 남자로 필요할 때는 남자로, 여자로 필요할 때는 여자로, 더 나아가 중생의 필요에 따라 짐승으로도 나타내 보이십니다. 그래서 관세음보살 33응신이 있는 것이지요. 중생의 필요에 따라 서른세 가지의 모습으로 나투시는 겁니다. 모든 성을 초월해 계시고 모든 성품에 통하기 때문에 임의로 자유로이 나타나시는 것입니다.

이러한 관세음보살님을 열심히 외우거나, 내 가슴속에 정말 깊이깊이 받아들이면 관세음보살님이 진여법계에 계시는 것처럼 나 또한 진여법계의 묘한 도리를 맛볼 수 있습니다. 관세음보살님처럼 마음 가운데 상이 없어지고, 마음 가운데 갈등이 없어지고, 무아의 경지에 들어가는 거지요. 그래서 관세음보살 기도가 굉장히 중요합니다.

관세음보살님 기도를 할 때는 관세음보살님 상호를 또렷이 떠올리는 게 좋아요. 잘 떠오르지 않으면 관세음보살님의 사진을 앞에 두고 하는 것도 좋은 방법입니다. 그리고 염주를 잡고 관세음보살님을 외우면서, 그 외우는 소리를 귀로 다시 들어야 합니다. 이렇게 망상이나 잡념이 들어오는 것을 이중 삼중으로 차단해 놓고, 내 온전한 진여법계의 자리를 보존해야 합니다.

기도를 너무 복잡하게 생각하지 않아도 됩니다. 지극정성으로 관세음보살님 기도만 해도 진여법계의 자리에 들어가고 초월의 경지에 들어갑니다. 관세음보살님 안에 내가 있고 내 안에 관세음보살님이 들어와 계시지요.

　이처럼 진여법계는 일체 차별, 비교 같은 것이 용인되지 않습니다. 『금강경』에서 말하는 아상, 인상, 중생상, 수자상이 발동하면 그것이 괴로움의 씨앗이 됩니다. 결국 아상, 인상, 중생상, 수자상도 나와 남이라는 분별심, 차별심이지요. 세상은 본래로 제법무아, 나라고 내세울 만한 것이 없는데 괜한 욕심, 자만심, 우쭐거림 같은 것 때문에 상이 생기는 겁니다.

　또 『육조단경』에서도 배웠습니다. 팔식八識 중에서 전오식前五識에 해당하는 안식, 이식, 비식, 설식, 신식에 문제가 생기면 괴로움이 되는데 이를 지혜의 에너지로 변화하여 성소작지成所作智로 돌리고, 제 육식은 묘관찰지妙觀察智로, 나를 가장 곤란하게 하는 집요한 자의식인 제 칠식 말라식末那識을 평등성지平等性智로 돌립니다. 그리고 제 팔식 아뢰야식阿賴耶識이 변화하면 대원경지大圓鏡智가 됩니다. 『금강경』으로 말하자면 아상, 인상, 중생상, 수자상이고, 『육조단경』으로 얘기하자면 말라식인 '나'가 기도와 수행을 통해 평등성지 즉, 평등심이 된다는 겁니다. 평등성지가 평등성을 아는 지혜이니, 남도 없고 나도 없음의 자리지요.

　이 세상은 본래 하나입니다. 옛 사람들이 말하기를 이 세상은 본래 한 개의 꽃이라 하여 '세계일화世界一花'라 했습니다. 세계는 한 꽃이요, 가정도 한 꽃, 국가도 뭇 중생도 모두 한 꽃, 한 세계입니다. 그런데 가족 안에서도 절집 안에서도 어느 회사, 어느 단체에서도 너와 나를 나누어 보기 때문에 시끄러운 것입니다. 무아인 것을 잊어버리고 나, 나, 나를 강조하다보니 더 이상 세계일화가 아니라 분리되는 겁니다. 너는 너대로, 나는 나대로 갈 길이 다르다고 생각하는 것은 잘못된 것이지요.

공전과 자전의 원리를 생각해 봅시다. 태양을 중심으로 수많은 혹성들이 공전을 합니다. 그런데 공전의 틀을 벗어나면 어떻게 됩니까? 우주 미아가 되고 말지요. 그리고 공전을 하는 혹성들이 공전만 하는 게 아니라 공전과 함께 자전을 합니다. 이는 큰 틀을 벗어나지 않으면서도 자신만의 자전을 함으로 자신의 존재성도 지키고 있는 것입니다.

가정도 마찬가지입니다. 하나의 가정이라는 큰 틀 안에서 남편은 남편의 일, 아내는 아내의 일 그리고 자식은 자식의 할 일이 따로 있어서 각자 제 할 일을 제대로 할 때 그 가정이 행복합니다. 거울에 비친 자기 얼굴을 한 번 보세요. 얼굴은 하나지요. 그렇지만 그 얼굴 안에는 눈, 코, 입, 귀가 각자의 개성대로 그 역할대로 제자리에 있습니다. 그런데 눈이 저 혼자 잘나 보이고 싶어서 혼자만 커다랗다면 얼굴이 어떻게 되겠어요? 코가 귀가 자기 욕심만 부리려고 하면 다 고장 나고 말아요.

몸도 마찬가지, 우리 한국불교대학도 마찬가지예요. 한국불교대학을 잃어버리면 내가 속한 기수도, 봉사단체도 없는 것이지요. 나도, 내가 속한 기수도 봉사단체도 모두가 한 몸이 되어서 한국불교대학인 것입니다. 큰 나무의 원 둥치에서 작은 가지들이 뻗어나가는 것처럼 가지와 원 둥치가 모두 큰 나무인 것입니다. 그래서 일승一乘, 한 수레를 탄 하나라는 겁니다.

이 진여법계가 바로 원 둥치와 같습니다. 그 본바탕이 남도 없고 나도 없는 무타무자요 하나인 것입니다. 그래서 이 개념만 살아 있으면 남도 없고 나도 없고, 이것은 곧 남의 일이 내 일이 되고 내 일이 남의 일이 됩니다. 중생이 아프니 나도 아픈 겁니다. 어떻게 가능하냐고요? 무타무자이기 때문에 가능합니다.

마음열림이라고 하는 것도 그래요. 해탈의 마음에서는 내가 조그마한 자유를 얻었으면 조그마한 자비가 나타나지요. 그보다 좀 더 큰 해탈, 큰 자유가 내 마음 가운데 생기면 그만큼 더 자비심이 생깁니다. 그래서 자기 가족에 대한 그 어떤 마음열림이 있으면 자비심을 가지고 돌볼 줄 압니다. 길 가다가 개구리 한 마리가 죽어있는 걸 보고도 펑펑 우는 사람이 있습니다. 그 사람은 마음열림이 넓어져서 그 넓이 안에 있는 모든 일이 다 자기 일로 받아들여진 것입니다.

이와 같이 해탈의 범위와 자비의 범위는 비례관계에 있습니다. 자유를 더 많이 얻은 사람은 더 많은 자비, 더 많은 사랑을 베풀게 되어 있습니다. 석가모니 부처님과 같은 성인들은 뭇 중생을 나의 몸처럼 나의 생명처럼 생각하십니다. 그래서 일체 중생에게 다 연민의 마음을 품고 일체중생一切衆生 개유불성皆有佛性이라 하시고 미물이라도 함부로 죽이지 말라고 하신 겁니다.

진여법계를 그리는 불자라면 현실에서 상대를 받아들여야 합니다. 누군가와 다투었는데 아무리 자기가 잘못한 것 없이 억울하다 해도 똑같은 존재, 똑같은 수준이기 때문에 싸우는 것입니다. 내가 아무리 잘났다고 생각해도 일단 싸워버리면 결국 상대와 같아져 버립니다. 여기에서 말하는 상대라는 것은 사람뿐만 아니라 모든 상황이 다 포함됩니다.

예를 들면 현재 우리절의 주차장이 비좁습니다. 무량수전과 옥불보전을 짓기 전에는 무량수전의 자리와 옥불보전의 자리가 모두 주차장이었는데 그때도 주차장은 모자랐어요. 턱없이 부족하다고 생각하는 지금처럼 그때도 턱없이 부족하다고 아우성이었지요. 차를 가지고 다니는 법우님들은 다 그렇게 생각을 했어요. 사실 늘 부족하다고 느끼는 게 중생이기도 합니다. '오늘 같이 초

하루에는 차를 주차할 곳이 없지. 오늘은 버스타고 가야겠다' 이렇게 생각하는 것이 상대를 그대로 받아들이는 것입니다. 그래서 재일이나 초하루같이 많은 차들이 몰릴 때는 대중교통을 이용한다든지, 걸어서 절에 온다든지 그래야 할 텐데, 뻔히 주차하기 힘든 걸 알고도 차를 가지고 절에 와요. 그리고 주차하기 위해서 몇 바퀴 돌아보고 자리가 없으면 집으로 돌아갑니다. 그냥도 아니고 화를 내면서 갑니다. 그것은 상대를 받아들이는 자세가 안 돼 있는 겁니다. 그 상황을 받아들일 줄 모르는 것이지요.

부모 자식 간의 관계에서도 상대를 받아들이지 못하는 경우를 봅니다. 부모 입장에서는 자식을 잡아 두고 싶은데 자식은 떠나가게 되어 있어요. 그런데 떠나가는 자식을 억지로 막 잡아 두려고 애를 쓰며 우는 부모들이 있어요. 적어도 자녀가 결혼하였다면 제사는 대로 두어야지요. 일일이 간섭하려 드는 것은 잘못입니다. 그런데 상대를 받아들이지 못하고 그 상황을 받아들이지 못해 힘들어 합니다. 모두가 본래 무아인데 혼자서만 변하지 않으려고 하니 힘든 것입니다.

또한 자식의 입장에서는 부모의 죽음이 그러합니다. 나이 든 부모가 영원히 살 수는 없어요. 나이가 들어서 또는 병에 걸려서 닥친 죽음을 피할 길은 어디에도 없습니다. 그런데 그런 부모를 억지로 어떻게 하려는 것은 어리석은 짓입니다. 죽음 그 자체를 받아들여야 해요. 그리고 슬프면 슬퍼하면 되는 것입니다. '아, 슬프구나! 울고 싶다' 그러면 울면 되는 것입니다. 자기 죽음이 닥쳤을 때도 그 죽음을 초연하게 받아들여야 해요. 죽음은 극히 자연스러운 자연의 이치니까 받아들이는 것이 그 순간 삶의 질을 높이고 그 생애 자체를 위대하게 만드는 것입니다. 부처님도 단 한 번이라도 죽지 않겠다고 말씀하시지 않으셨습니다. 육신으로 오셨기에 죽음을 순순히 받아들이셨습니다. 그것이 바로 무타무자로 살아가는 삶입니다. 자기 자신이 없다는 것은 자기 자신을 비우고 모든 상황을 주체적으로 긍정적으로 받아들이는 것을 말하는 것입니다.

 그래서 우리가 진여 속에서, 진리 속에서 밥을 먹고 잠을 자고 호흡하고 사랑한다면 얼마나 재미있는 삶이 되는지 모릅니다. 그러하기 때문에 우리는 모든 현실을 흡수해서 그것을 자기 것으로 소화해 내야 됩니다. 그게 바로 보살이고 수행자지요. 긍정적으로 받아들이면 절대적 행복이지만 마지못해서 받아들이면 거기에는 고통뿐입니다. 내가 긍정적으로 받아들일 것인가, 마지못해 받아들일 것인가 하는 것은 오직 본인한테 달려 있습니다. 이 세상은 본래가 다 무타무자 진여법계로서 다 하나라는 걸 절대 놓쳐서는 안 됩니다.

天地同一體천지동일체

萬物無非我만물무비아

秋颼我呼吸추수아호흡

春景我眼華춘경아안화

천지는 동일한 몸

만물은 나 아님이 없어

가을바람 소리는 나의 숨결

봄볕은 나의 눈길.

『시쾌사』한 몸, 無一 우학

    천지는 동일한 몸이라는 이 시구처럼 가정에서는 가정의 한 구성원으로서 가정과 하나 되고, 모임에 갔을 때는 그 모임과 하나가 되어야 합니다. 그 순간만큼은 하나가 되어야 해요. 누구를 만났다면 일체 잡념 없이 그 사람과 하나가 되어야 합니다. 법회에 참석하였으면 법회와 하나가 되고, 불교대학에 갔다면 불교대학과 하나가 되는 게 무아를 내 생활 현장 속에서 실현시키는 것입니다. 바로 동체가 되는 것이지요. 그러한 삶이 가장 보람 있는 삶이요, 거기에 내 삶의 진정한 의미가 살아있다는 얘기입니다. 즉, 그렇게 하는 것이 가장 잘 사는 삶입니다.

法界何曾問自他 법계하증문자타

見聞知覺眼中花 견문지각안중화

어찌하여 법계에 자타 있음을 물었던가

보고 듣고 지각함이 눈 속의 꽃이로다.

법계에는 자타가 없습니다. 나와 남으로 나누어져 있지 않다는 말입니다. 그런데 왜 나와 남이 있을까요? 눈 때문입니다. 안중화眼中花의 눈은 사람의 눈입니다. 눈 속의 꽃은 허공꽃입니다. 공화空華라고도 말합니다. 우리가 앉았다가 갑자기 일어서면 가끔 별이 반짝반짝하지요? 그것을 안중화라고 합니다. 그런데 그 허공꽃이 실재합니까? 실재가 아니지요.

이처럼 세상은 그렇지 아니한데 저 혼자서 온갖 망상을 다 짓습니다. 보고 듣고 지각함이 자기 눈에 핀 허공꽃이라는 말입니다. 즉, 내가 현재 보고 듣고 지각한 이것이 참으로 쓸데없다는 말입니다. 진리의 세계에서는 자타가 없는데 자기가 보고 듣고 지각해서 착각을 일으키는 것, 그 자체가 다 나라고 하는 욕심, 나라고 하는 그런 편견 때문입니다.

여섯 살 된 남자 아이가 축구공을 품에 안은 채 엄마와 동네 놀이터를 지나가고 있었습니다. 놀이터에는 같은 또래 아이가 흙

장난을 하고 있었는데 그 아이는 얼마 전에 교통사고로 아버지를 잃은 아이였습니다. 자기 아들과 같은 또래인데 아버지를 잃고 혼자서 흙장난 하는 것을 보니 너무 측은해서 엄마가 자기 아이에게 말했습니다.

"네 축구공 저 아이 주면 안 되겠니? 저 아이는 아빠도 안 계시잖니."

"엄마, 그러면 아빠를 주면 되잖아."

축구공을 주느니 아빠를 주는 게 낫다는 아이 나름의 욕심이지요.

종종 우리 법우님들이 저에게 묻습니다.
"스님, 이 공부는 언제까지 하면 되나요?"
그러면 저는 단호하게 말하지요.
"죽을 때까지 하세요."
"스님, 한국불교대학은 얼마를 다녀야 졸업하나요?"
"죽을 때나 졸업한다고 생각하세요!"

졸업은 극히 형식에 불과합니다. 의식이 붙어 있는 동안 공부하겠다는 마음으로 불교 공부하세요.
"스님도 공부하세요?"

머리를 깎아서 그렇지 제 머리가 희끗희끗합니다. 이 나이에 시험 칠 것도 아닌데 안 해도 되지만 적어도 하루 세 시간은 공부합니다.

사람과의 대화는 하면 할 수록 허전하고 온갖 망상을 들끓게 하는 경우가 대부분입니다. 하지만 경전이나 조사어록을 보고 있으면 마음이 얼마나 가벼워지고 훤해지는지 모릅니다. 절대 실망시키는 법이 없어요. 그런데 왜 공부를 안 하겠습니까!

불교대학에 2년 다녔으니 또는 4년 다녔으니 스스로 졸업해도 되겠다 싶겠지만 결코 많이 한 공부가 아닙니다. 확신하건대 한국 불교대학에서 사시예불 드리고 강의 듣는 시간까지의 이 세 시간보다 더 가치 있고 보람 있는 시간은 없을 겁니다. 이 기도와 공부가 우리를 영원의 세계로 나아가게 한다고 생각한다면, 이를 뒷전으로 미뤄둘 수 있겠습니까?

바로 깨친 진여의 법계에는 남도 없고 나도 없음이라, 우리가 그렇게 되기 위해 공부하고 수행하는 것입니다.

31

재빨리 상응코자 하거든 둘 아님을 말할 뿐이로다.
둘 아님은 모두가 같아서 포용하지 않음이 없나니라.

要急相應요급상응하면　唯言不二유언불이로다
不二皆同불이개동하여　無不包容무불포용이라

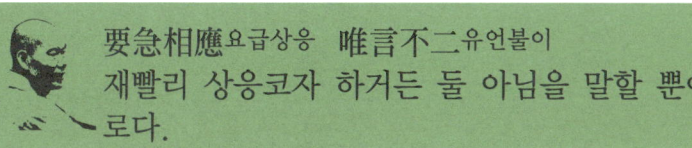
要急相應요급상응　唯言不二유언불이
재빨리 상응코자 하거든 둘 아님을 말할 뿐이로다.

　　재빨리 상응하고자 하는가, 둘 아님을 억지로 말할 뿐이로다 이런 의미입니다. 둘 아님이라는 이 자리는 자기가 직접 들어가야 하는 자리지 말로 할 수 있는 자리는 아닙니다. 그래서 말할 뿐이라고 한 것입니다.
　　요급상응의 상응이라는 말을 가만히 보십시오. 상응은 서로 응함이라는 뜻으로 서로 상相, 응할 응應입니다. 불교에서는 이 한 자가 많이 사용됩니다. 기도를 할 때 "제불보살님이시여 또는 관세음보살님이시여, 감응하여 주옵소서!" 하지요? 관세음보살님께서 나의 기도를 느껴서 응해 주십사 하는 말입니다. 그리고 감응해 오시는 부처님을 응신불이라 합니다. 법신, 보신, 화신 이 삼신불 가운데 화신이 응신불에 해당되고 때로는 보신불까지 응신에 포함시키기도 합니다. 이때 응신이라는 말에도 응할 응應 자를 쓰는데, 이처럼 자주 접하게 되는 글자입니다.

    화신인 관세음보살님께서는 우리에게 응하실 때 33응신 즉, 서른세 가지의 모습으로 나투신다 했습니다. 32응신에 부처님 몸을 포함시켜서 33응신이죠. 그리고 이 서른세 가지의 응신을 그린 그림을 33응신도라고 합니다. 그래서 부처님께서 때로는 관세음보살님으로, 다시 역으로 관세음보살님이 부처님의 몸으로 나타나실 때가 있습니다. 그래서 결국에는 '관세음보살님 즉 부처님'이라고 보는 겁니다.

    우리가 관세음보살님을 믿고 지극정성 염불하면 분명히 여기서 얘기하고 있는 상응 부처님과 내가 상응이 되는데 그렇지 않으면 부처님이 내 앞에 있어도 소용이 없는 일이지요. 그래서 관세음보살님이 감응해 오시는 것은 나의 믿음에 달려 있습니다. 내가 20%의 믿음을 가지면 20% 감응이 있는 것이고, 내게 50%의 믿음이 있으면 50% 감응이 있는 것이지요. 만약 내게 100%의 믿음이 있으면 100% 감응이 있게 되고, 바로 그 자리가 완전한 상응이 됩니다. 부처님과 내가 서로 응함, 이것처럼 상응이라 하는 것은 세속을 사는 데도 대단히 필요합니다.

상응에는 계합한다 또는 서로 교감을 가진다, 하는 의미도 포함되어 있습니다. 부부가 뜻이 잘 맞아서 남편이 주장하고 아내가 이에 따르는 걸 부창부수夫唱婦隨라 하지요. 다른 말로는 축착합착築著蛤著이라고도 하는데 돌과 돌이 딱 들어맞는 소리를 말합니다. 댓돌 맞듯, 맷돌 맞듯 이가 딱딱 맞는다는 것입니다. 또 찰떡궁합이란 말도 있습니다.

어떤 남녀가 선을 보았습니다. 남자가 여자에게 말합니다.
"저는 성은 전가고, 이름은 철입니다. 전철입니다. 아가씨 이름은 뭡니까?"
"저는요, 성은 이가고 이름은 호선, 이호선이라 합니다."
그래서 전철 이호선이 되었습니다. 보나마나 환상적인 찰떡궁합으로 잘 살았을 것입니다.

이렇게 우리 생활 가운데 표현은 다르지만 상응을 의미하는 말이 많습니다. 그리고 자세히 살펴보면 상응이라 하는 것은 마음 열림이 전제되어야 가능하다는 것을 알 수 있습니다. 물론 이 마음열림이 있으려면 수행을 해야 하지요. 수행하면 상대를 이해하게 되고, 수행이 깊어지면 진리와 내가 하나가 됩니다. 이것을 우리는 '성불했다, 견성했다'고 말합니다. 부처님과 내가 하나 되는 자리, 참나와 거짓 나가 완전히 없어지는 그런 자리지요.

이런 자리에 들어가려면 지극정성 관세음보살님을 찾거나 지극정성 화두를 챙길 일입니다. 그래서 내공이 쌓이면 이웃과 내가 하나 되고 단체와 내가 하나가 되는 그런 자리에 들어갈 수 있게 되는 것입니다. 그런 만큼 수행은 절대적으로 필요합니다.

그러니 절에 공부하러 오실 때 시간 맞춰서 오시지 말고 좀 더 일찍 오셔서 사시예불도 드리고 백팔배를 한다거나 독송을 한다거나 참선을 하는 등 수행과 기도도 하시기 바랍니다. 혹 너무 바빠서 아무것도 못 하셨다면 삼배만이라도 꼭 올리고 부처님을 응시하셔야 합니다. 어쨌든지 절에 오셨으면 부처님과 교감이 일어나야 되는 겁니다.

요즘은 인터넷이 발달해서 집에서도 불교 공부를 충분히 할 수 있습니다. 다음카페 불교인드라망에만 들어가도 온갖 법문, 경전 강의 동영상이 다 있습니다. 그래서 생각에는 절에 왔다 갔다 하는 시간도 아낄 수 있고 좋을 것 같지만 사실 이런 공부는 오래 못 갑니다. 왜냐하면 내 마음 깊이 느껴지는 바가 훨씬 적기 때문입니다. 집에 가만히 앉아서 하는 불교 공부는 체험화 되지 않은 공부입니다. 수행과 함께하는 공부, 부처님과 교감하는 공부라야 완전한 공부입니다. 한국불교대학에 공부하러 오긴 했는데 별로 기억에 남는 것도 없고, 공부가 잘 안 됐다고 느껴도 그냥 부처님 한번 뵙고 가는 그 자체가 크나큰 수행입니다. 절에 가서 절의 기운을 느끼고, 부처님과 눈 맞추고 하는 그 자체가 큰 수행이라는 말입니다. 그러니 집에서 인터넷으로 하는 공부와 절에 가서 하는 공부는 천지 딴판이지요.

오늘 절에 갔는데 삼배조차 안 하고 볼일만 보고 집에 돌아가신 분이 있다면 '부처님, 제가 조금 늦었습니다. 죄송합니다' 하고 백팔배라도 하십시오. 그리고 다음부터 절에 오면 부처님 앞에 서서 합장하고 부처님 이미지를 또렷하게 상기한 다음, 나와 내 마음 가운데 있는 부처님의 이미지를 정확하게 클로즈업 해 보세요. 이것이 부처님과 내가 교감하고 상응하는 겁니다.

기도나 수행을 어렵고 복잡하게 생각 안 하셔도 됩니다. 잠자기 전 가만히 누워서 부처님을 생각하면서 십 분 내지 이십 분 정도 관세음보살, 관세음보살 생각하면서 잠이 드는 것도 대단한 수행입니다. 꼭 한번 실행해보시기 바랍니다.

이와 같이 상응하게 되는 그 자리는 불이不二의 자리, 둘 아님의 자리입니다. 재빨리 상응하고자 하면 둘 아님의 자리에 가야 하지만, 또한 상응하지 못하면 도리어 문제가 되기도 합니다. 한 공간에 살면서 서로 응함이 없다면 삶이 얼마나 불편한지 몰라요.

왜 상응이 안 되는 것인가? 상응이 안 되는 이유는 시기, 질투, 경쟁심, 배신 같은 중생심이 주요 원인입니다. 상응하지 않으면 서로 간에 큰 문제가 일어나고 그 세계는 완전히 지옥이 되는 거지요.

시골 할아버지가 봄이 되어 기운도 달리고 해서 닭을 한 마리 잡아먹어야겠다 마음을 먹었습니다. 그런데 키우던 닭을 잡아먹으려고 하니 닭에게 미안해 수작을 겁니다.

"닭아, 내가 기운이 없어서 몸보신을 좀 해야겠다. 그렇다고 너를 죽이자니 네가 얼마나 억울하겠느냐. 그러니 내가 문제를 낼 테니, 만약 네가 맞추면 너 말고 다른 닭을 잡아먹겠다."

"주인님, 뭐든지 물어보십시오."

"내가 누워서도 네가 눈에 삼삼하니 삼삼이라, 삼 곱하기 삼은?"

"구구구구!"

"똑똑하구나. 어떻게 알았지?"

맞춘 것은 기특하고 신기한데 잡아먹어야는 되겠고 해서 할아버지는 문제를 다시 내었습니다.

"네가 구를 네 번 했으니, 구 곱하기 구 곱하기 구 곱하기 구는 얼마고?"

그러자 닭이 말했습니다.

"세상 참, 더러워서 못 살겠네. 물 끓여라, 물 끓여!"

이 이야기와 같이 이미 자기 마음 한 가운데 삐뚤어진 마음이 딱 있으면 절대 상응이 안 됩니다. 스님인 제가 법상에 앉아 어떤 법문을 하더라도 법문을 듣는 이가 부처님에 대해서 부정적인 이미지를 가지고 있으면 절대 통하지 않습니다. 자기 렌즈대로 봐 버리지요. 수행이라는 것은 자기 렌즈를 완전히 색깔 없는 것으로 아주 투명하게 가져가는 겁니다. 그래서 상대화되는 그런 자리가 둘 아님의 자리입니다.

우리나라 사찰에서 가람의 배치가 가장 정형화된 절이 통도사입니다. 통도사에 들어가면 먼저 산문이 있고, 다시 일주문이 나타나고, 일주문을 지나고 나면 사천왕문 또는 천왕문이 있습니다. 사천왕은 대개 눈이 왕방울만 하고 아주 무서운 상으로 조성되어 있지요. 이 사천왕문을 통과할 때는 제아무리 강심장이라도 나쁜 마음을 싹 내려놓게 됩니다. 비록 형상이지만 그 형상을 보면서 문을 통과하면 마음이 깨끗해져 버리는 거죠.

우리 한국불교대학에는 이 사천왕이 어디에 있는지 아십니까? 대구큰절 입구 포대화상 양 옆, 커다란 그림으로 걸려 있습니다. 또 5층 적멸보궁에 사리탑을 지키는 네 명의 장군이 있습니다.

그리고 천왕문을 지나면 그 다음에 비로소 불이문이 나옵니다. 이 불이문을 지나면 마침내 부처님과 내가 둘이 아닌 곳, 대웅전이 있지요. 다시 말하면 부처님과 내가 둘이 아닌 자리에 들어가려면 반드시 불이문을 통과해야 갈 수 있다는 것입니다. 가람의 배치는 이렇게 세세한 곳까지 다 의미 있게 짜여있습니다.

이렇게 상응한 그 자리는 불이의 자리입니다. 그런데 왜 계속해서 이 불이와 상응을 강조하는가? 왜냐하면 이 세상은 이미 진리가 상응하고 있기 때문입니다. 진여법계의 이 우주 무대가 이미 서로서로 상응하고 있습니다. 딱딱 맞게 되어 있어요.

覓火和煙得 멱화화연득
擔泉帶月歸 담천대월귀
불을 구하면 연기는 함께 얻어지고
길어오는 샘물 속에 달이 함께 따르네.

불과 연기는 같이 있습니다. 언제나 상응합니다. 불난 데 가보면 반드시 연기가 오릅니다. 또 연기 나는 데로 쫓아 가보면 불이 있습니다. 빈 독을 이고 우물에 물 길으러 갑니다. 갈 때는 빈 독이었는데 물을 길어 돌아올 때는 독 속에 달이 떴어요. 하늘에 달이 있고, 이고 있는 물동이 속에 물이 있어 서로 상응하여 서로서로 비추는 것이지요.

진여법계는 이렇게 처음부터 상응하고 있습니다. 그와 같이 우리도 진리가 상응하는 것처럼 상응하면서 살 수 없을까 그런 얘기입니다. 꽃이 피면 벌이 날아들고, 밤이 되면 별이 초롱초롱 빛나며, 봄비 오면 새잎이 나는 것 같은 그런 삶 말입니다. 낮이 낮 되려면 태양이 떠야 하고 태양이 뜨고 나면 낮인 것입니다. 몇 번을 고쳐 말해도 답은 하나지요.

그래서 우리가 수행을 하고, 기도를 열심히 하고, 참선을 열심히 하면 내 마음의 중생심, 내 마음의 무명의 그림자가 걷히기 시작합니다. 그러면 어느 한순간에 내가 부처님과 본래 하나였구나, 본래 한자리에 있었구나 하는 것을 스스로 느끼게 돼요. 구름만 걷히면 태양이 본래 밝은 줄 대번에 느끼는 것처럼. 그러니 구름을 벗겨 내는 일, 그게 수행입니다.

그런데 우리는 중생심, 중생의 알음알이, 중생의 감정 이런 것을 따라다니다 보니 결국에는 상응하지 못하고 힘들게 살아가는 겁니다. 우리가 꼭 상응해야 하는 이유가 여기에 있습니다.

우리가 무엇이든지 하나하나, 정확하게, 한순간도 놓치지 않고 사는 불자가 된다는 것은 수행을 통해서만 가능합니다. 그래서 가짜 자기에 속지 않으려면 끊임없는 수행, 끊임없는 체험을 해야 하지요. 절에 와서 부처님 한 번 뵙는 것만 해도 큰 체험이라고 앞서 얘기하였습니다만, 대구큰절 마당에 대원력관세음보살님을 모실 때 '친견이 곧 가피입니다'라고 시를 쓴 것도 그러한 이유 때문이었습니다. 체험이 그만큼 중요합니다. 직접 체험하고 직접 느낄 일인 것입니다.

현사사비玄沙師備라는 큰스님이 어느 날 법문을 하였습니다.

"장님에게 주장자를 들어 보인들 보일 리가 없고, 귀머거리에게 아무리 입이 아프도록 얘기한들 알아들을 리가 없고, 벙어리에게 궁금한 것을 물어보라 한들 그 벙어리가 말할 리가 없지 않은가. 그런데 이 세 부류의 장애인이 찾아왔다면 너희들은 어떻게 법문하며 어떻게 교화할 것인가?"

사부대중 누구도 질문에 답하지 못하였는데, 답이 궁금했던 한 스님이 운문 스님을 찾아가 이를 여쭈었습니다.

"스님, 현사 큰스님의 숙제를 도저히 풀지 못하겠습니다. 어떻게 그 세 부류의 장애인을 교화할 수 있겠습니까?"

"네가 진정 알고 싶다면 먼저 세 번 절하라."

그래서 절하려고 머리를 숙이는데 운문 스님이 옆에 있는 막대기로 치려고 하는 것이었습니다. 느닷없이 막대기가 날아드는 걸 보고 스님이 놀라서 도망치려고 하자 운문 스님께서 말씀하시는 것이었습니다.

"그래, 맞지 않으려고 물러서는 것 보니 장님은 아니구나."

그리고는 막대기를 집어 던지고 가까이 오라고 하시기에 그 스님이 가까이 다가갔어요.

"기어 오는 걸 보니 귀머거리는 아니구나."

이렇게 말씀하시고는 다시 그 스님에게 물었습니다.

"내가 자네에게 뭘 가르치는지 알겠느냐?"

"알지 못하겠습니다."

"입을 여는 걸 보니 벙어리도 아니구나."

이처럼 직접 느끼고 직접 겪는 바가 있어야 합니다. 참선을 하든 기도를 하든 직접 체험하고 직접 느껴야지요.

재빨리 상응하고자 하거든 둘 아님을 말할 뿐이로다, 이 말을 다시 짚어 보면 일체가 둘이면서 둘이 아닌 경지 즉, 여기에서는 이미 둘을 전제하고 있습니다. 둘 아니면서 둘인 즉, 분명히 둘로 나누어져 있는데 이 자리에서 그 조화의 극치인 원융무애한 삶은 둘이 아니라는 것을 유언불이, 둘 아님을 말할 뿐이로다 이렇게 표현한 것입니다.

분명히 둘이지만 원융무이한 삶을 살다 보면 그 자리가 바로 둘이 아닌 자리가 됩니다. 그래서 둘인 데서 둘이 아닌 이치를 보자는 것, 둘인 데서 둘 아닌 삶을 살자는 것, 둘의 개성을 모두 존중하면서 둘을 하나로 묶는 것, 바로 요급상응 유언불이입니다.

輕上生罪 경상생죄
侮下無親 모하무친
윗사람을 가벼이 여기면 죄가 생겨나고,
아랫사람을 업신여기면 가까이 하는 이가 없도다.

불이의 세계에 들지 못해서 상응하지 못하면 이러한 낭패가 생기는 것입니다.

둘 사이 의논하다 남 걱정하는 사람
앞에 앉은 상대방에 온전히 마음 주게
바로 지금 대하는 그이 누구보다 귀하리.

진지한 대화하다 뜬금없이 다른 생각
온마음 온 몸을 다 기울여 전념해야

나 잊고 그 사람 잊은 열반산에 든 걸세.

『명상일기(상)』 청법삼매, 無一 우학

不二皆同불이개동　無不包容무불포용
둘 아님은 모두가 같아서 포용하지 않음이 없
나니라.

　　　둘 아님은 모두가 같다는 이 말은 둘의 바탕이 같다는 말입니다.

　우리가 세상 살아가는 이치를 곰곰이 한번 생각해 보세요. '나는 왜 하필이면 이 집안에서 태어났을까? 재벌 집에 태어나든지 고관대작 집에 태어나 어려서부터 좀 귀하게 자라지!' 하고 누구나 한 번쯤 생각해 보았을 것입니다. 하지만 가만히 자기 인생을 들여다보면 누구 탓 할 것도 없고, 한 치의 오차도 없이 꼭 맞는 데 태어나서 살고 있음을 알 수 있습니다.

　"아버지, 좋은 소식이 있어요."
　"어떤 좋은 소식?"
　"아버지께서 F학점을 벗어나면 용돈 오십만 원 주신다고 하셨지요?"

"그래, 그렇게 약속했지."

"그 오십만 원, 아버지께서 다 쓰세요."

이번에도 F학점이라는 말이지요. 아들 공부 좀 하라고 돈으로 구슬리는 아버지나, 또 F학점이라서 아버지 그 돈 다 쓰라는 아들이나 똑같은 한바탕이지요.

우리가 불교 교리나 조사어록을 살필 때는 이론적인 부분인 '이理'와 실천적인 부분인 '사事'를 늘 함께 살펴야 합니다. 이사를 잘 살펴야 완전한 자기 것이 됩니다.

먼저 이 본문 구절이 어떻게 이런 원리가 되는지 이론적인 부분부터 살펴보겠습니다.

물과 물결은 둘이 아닙니다. 물이 있어야 물결이 일어납니다. 그런데 우리는 물결인 파도만 보고 물을 보지 못할 때가 참 많아요. 우리가 생각을 따라서 분별하면 이미 물결이 되는 것입니다. 마찬가지로 내 중생의 생각과 중생의 몸 여기에 바로 부처라 하는 위대한 존재가 같이 호흡하고 있습니다. 그런데 우리는 그걸 놓치는 거지요. 물결만 보고 진짜 자기를 못 보는 것입니다. 그래서 우리가 진실한 믿음, 간절한 원을 가지고 열심히 정진하다 보면 물과 물결이 본래 하나이듯이 나와 부처님이 본래 둘이 아니구나, 느낄 날이 있습니다.

그래서 무불포용, 품지 않는 것이 없다고 한 것은 모두의 바탕이 같기 때문에 품지 않는 것이 없다는 말입니다. 모두의 바탕이란 굳이 말한다면 진리, 부처님의 자리 바탕, 근본이라 할 수 있습니다. 노란 꽃잎에도 진리가 있고, 흔들리는 나뭇잎에서도 진리를 찾을 수 있고, 손길 닿는 그 어느 곳에서도 부처의 자리 아닌 것이 없으니 온갖 것에서, 눈길 닿는 모든 곳에서 우리는 그 존엄의 가치를 찾아 낼 수 있습니다. 그래서 이 세상 모든 것은 포용되지 않는 것이 없다는 것입니다.

재가자인 유마 거사와 부처님의 많은 제자들 간의 문답을 담은 『유마경維摩經』이라는 경전이 있습니다. 원제목은 『유마힐소설경維摩詰所說經』입니다. 이 유마경의 주인공인 유마 거사는 부처님 당시의 인물인데 당시 스님들보다 훨씬 더 법이 높았다 합니다. 이 유마 거사를 깨끗할 정淨에 이름 명名을 써서 정명淨名 거사라고도 합니다.

그런 유마 거사가 병이 들어서 부처님께서 제자들을 병문안 보내지만 유마 거사의 상대가 안 되었기에 제자들은 극구 사양합니다. 사실 이 병도 방편으로 문병 오는 사람에게 설법하는 것이 목적이었습니다. 그래서 지혜의 상징 문수보살이 대표로 병문안을 가서 물었어요.

"거사는 왜 이렇게 병이 났습니까?"

"중생이 아프니 나도 아픕니다."

대단한 법문이지요? 중생이 아프니 나도 아프다, 이때의 병이라 하는 것은 육신의 병이 아니라는 걸 알 수 있지요? 사실 문병을 간 문수보살도 부처님의 화신입니다. 우리가 경전 속에서 만나는 관세음보살, 문수보살, 지장보살, 보현보살 같은 분은 부처님의 일인 다역이라고 보시면 됩니다. 유마 거사를 찾아간 문수보살도 부처님의 대역입니다.

여하튼 유마 거사의 병문안을 온 이들이 '보살입불이법문菩薩入不二法門' 즉, 보살이 불이에 들어가는 법문을 차례로 해 나갔습니다. '이것이 불이법문입니다', '이것이 불이의 도리입니다' 하고 얘기를 했겠지요. 그리고 드디어 문수보살이 얘기를 합니다.

"일체법에 대해서 말이 없고, 보여 주는 것도 없고, 아는 것도 없는 것, 그리고 온갖 문답까지도 떠난 그 자리가 불이법문에 들어가는 도리입니다. 유마 거사여, 이제 당신이 불이법문을 할 차례입니다."

그러나 유마 거사는 그 말을 듣고도 가만히 정좌해서 아무 말도 하지 않았습니다. 그런데 놀랍게도 말을 하지 않고 있는 그 모습 속에서 그야말로 소나기 같은 법문이 들렸다는 겁니다. 이를 '유마일묵維摩一默'이라고 합니다. 문수보살도 유마 거사의 묵연무언默然無言 묵묵히 말없이 앉아있는 그 장엄스런 모습을 보고 그냥 입을 다물고 있었는데 그것이 큰 법문이 된 것입니다.

"훌륭하고 훌륭하도다. 문답을 떠난 것이 불이법문이라고 하였는데, 문자와 언어 하나 없이 그 말마저 하지 않은 유마 거사야말로 진정 불이법문에 들어가신 것입니다."

우리가 많은 말을 하지만 이 말이라 하는 것은 한계가 있고, 본체를 여실히 다 드러내기는 참으로 어렵습니다. 365일 시간을 준다 하더라도 자기 자신을 남에게 온전히 표현할 길이 없습니다. 그래서 예로부터, 실상이언實相離言이요 진리비동眞理非動이라, 실상은 말을 떠나 있고 진리는 움직임이 아님이라 이렇게 말한 것입니다. 실상은 실다운 모습, 진실의 모습입니다. 그리고 말을 떠나 있다는 것은 말 너머 있다, 말로써는 도저히 잡을 수가 없다, 이런 뜻입니다.

둘째, 불이법문의 실천적인 부분을 살펴보겠습니다.
둘 아님은 모두 같아서 포용하지 않음이 없느니라, 둘 아님은 모두 같아서 둘 아님을 이루는 바탕이 같다, 이렇게 말하였습니다. 이때 둘 아님을 이루는 같은 바탕이라고 하는 것은 『금강경』이나 『반야심경』에서 말하는 공空입니다. 그리고 이 공을 좀 더 신앙적인 입장에서 말하면 부처입니다. 즉, 바탕이 공으로서 같고 바탕이 부처로서 같은 겁니다. 그래서 포용하지 않음이 없다는 이 말은 공 속에, 부처 속에 포함되어 있지 않은 것이 없다, 이 말입니다.

포용하지 않음이 없다, 바탕이 같다고 하였는데, 구체적으로 무엇이 같다는 말이겠습니까? 둘이라고 생각하는 선악이 둘이 아니요, 미추가 둘이 아니요, 생멸도 둘이 아니요, 생사도 둘이 아니며 심지어는 남녀도 둘이 아닌 것입니다. 선악이 어떻게 같은 것이겠습니까? 선이다 악이다 하는 것도 시대와 역사가 바뀌면 선이 악이 되고 악이 선이 되기도 합니다. 선악이라는 고정된 실체가 없다는 말이지요.

또 아름답고 추함이 둘이 아니라고 하였습니다. 미추의 기준도 시대에 따라 변합니다. 요즘의 미스코리아 선발 대회를 보면 하나같이 야위었어요. 옛날 같으면 이런 사람들은 시집도 못 간다 했어요. 그 유명한 양귀비가 살던 시대에는 풍만한 여성을 보고 맏며느리감이라고 했어요. 심지어 남녀도 둘이 아니라고 하였습니다. 남녀가 왜 둘이 아닙니까? 사람이라고 하는 바탕에서는 다 똑같은 것이지요. 가정을 바탕으로 했을 때도 둘이 아닙니다. 어느 가정에나 부부가 하나이지 둘이지는 않아요. 가정이라는 전체에 포용됩니다.

　포용되지 않으면 둘이 돼 버립니다. 그리고 완전히 둘이 되어 버리면 바탕도 같지 않습니다. 포용할 수가 없어요. 한국불교대학을 예로 들자면 우리 불교대학에도 학칙이 있고 운영 규정이 있는데 이를 따르지 않으면 그 사람은 거리가 삼만 팔천 리 멀어지는 겁니다. 한바탕이 될 수 없는 것입니다. 그래서 '각각의 개성을 살리면서 서로 공통성을 가지고 사이좋게 살아갈 수 없을까?' 하는 것이 불이법문이 가지는 실천적인 부분인 것입니다.

　각각의 개성을 살리면서 하나의 공통성으로 사이좋게 살아가는 것, 법우님들의 가정을 한번 떠올려 보십시오. 가정에서 남자는 남편이나 아버지로서의 역할 가치, 여자는 아내나 어머니로서의 역할 가치, 자녀들은 자녀들대로의 역할 가치가 다 있습니다. 그것이 공통분모 속에서도 각각의 개성도 살리는 불이가 되는 것입니다.

　우리는 공통분모 속에서 남을 이해하면서 살아야 하는데 그런 포용의 이치, 포함의 이치를 모르고 '너는 너, 나는 나' 하는 사람들이 많습니다. 그런 사람은 타인과 전혀 공감대가 없어서 시비가 많아요. 그러니 걸핏하면 네 것, 내 것을 따지고 듭니다. 그래서 자타 시비가 많은 사람치고 존경받는 사람이 별로 없고, 인격이 바른 사람이 별로 없어요.

　세상 살면서 손해도 좀 본 듯 하고, 남의 일을 내 일처럼 생각하면서 봉사도 하는 것이 우선은 손해인 것 같지만 그런 사람이 존경받고 성공도 하는 것입니다. 또 그런 사람이 인생의 멋을 아는 사람이라 말할 수 있는 것입니다.

南山起雲남산기운　北山下雨북산하우
남산에 구름이 일어나니 북산에 비가 내리도다.

　'어이구, 스님! 무슨 그런 일이 있습니까? 남산에 구름이 일어났으면 남산에 비가 내려야지요' 할 것입니다. 그런데 그렇지 않습니다. 아버지가 화가 나서 집안의 물건을 막 집어 던지는데 아이가 자기 방에 있다고 공부가 되겠습니까? 공부가 안되지요. 곧 아버지가 구름을 일으키니 아들 방에 비가 내리는 겁니다. 말이 되지요? 한바탕이라서 그런 것입니다.

　여기서 한 가지, 부처님 말씀이나 조사들의 말씀은 얼른 들으면 말도 안 되는 얘기일 때가 많습니다. 그러나 가만히 삼, 사일 명상을 해보면 '아! 참으로 오묘하고 오묘하다!' 하는 느낌이 와요. 그러니 두고두고 사유해 보세요. 무한한 진리가 있습니다. 그리고 틈나면 늘 공부하시고 사유하셔서 완전히 자기 걸로 만들면 그것은 도둑도 훔쳐 갈 수 없는 자기 재산이 되는 것입니다.

그래서 공부하는 불자, 사유하는 불자가 되셔야 합니다. 인생이라는 것이 그리 간단하지 않은데 어찌 시간을 헤프게 쓸 수 있겠습니까!

知人靈前膝着地 지인영전슬착지
忽由死大聲悲歌 홀유사대성비가
於呼妄見分別心 어호망견분별심
本來無生那有死 본래무생나유사
屍身起生敲汝背 시신기생고여배
都是遊戲於一家 도시유희어일가
아는 사람, 영전에 무릎 꿇고
새삼스레 죽었다고 대성통곡
오호라 망견 분별심인지고
본래 남이 없는데 어찌 죽음이 있을까
시신이 일어나 앉아 너의 등 두드리니
모든 것이 한집에서 유희함이로다.

『명상일기(하)』 한집, 無一 우학

우리는 지금 이미 한집에서 놀고 있습니다. 이미 한국불교대학이라는 한집에서 기도하고 참선하고 공부도 하고 있어요. 마음을 크게 하는 데는 이런 수행과 기도, 참선만한 것이 없습니다. 절에 다니지 않을 때와 지금을 비교해 보니 내 마음도 커지고 내 마음 씀씀이도 넓어졌지요? 지금 생각해 보면 싸울 일도 아닌데 하는 생각이 들지요? 불교 공부하고 기도하다 보니 마음이 편안해졌어요. 이것이 다 진리와 서서히 계합하고 있기 때문입니다.

절에 와서 불교 공부하고 기도하고 참선하는 이것이 세상의 그 어떤 것보다도 마음을 편안하게 하고, 내 가정에 평화도 가져다 준다는 것을 이제 아셨으니 나 혼자만 이런 평화를 누리지 말고 내 이웃에게도 함께 행복한 이 길을 권하는 것이 더 넓은 의미의 포용입니다.

둘 아님은 모두와 같아서 포용하지 않음이 없느니라, 이 도리를 내 것으로 하려면 절에 가서 열심히 하시면 될 일입니다.

32

시방의 지혜로운 자들은 모두 이 종취로 들어옴이라.
종취란 촉박하거나 늦출 것도 없어서
한 생각이 만년이요.

十方智者시방지자가　皆入此宗개입차종이라
宗非促延종비촉연이니　一念萬年일념만년이요

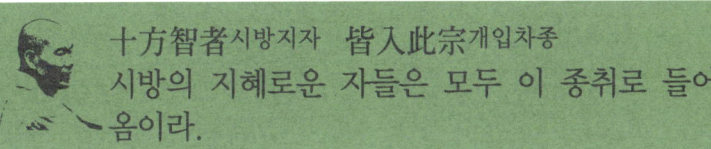

　　　종취는 근본, 근본자리, 으뜸의 자리, 본래의 자리, 본고향이라는 뜻입니다. 종문宗門 또는 종지宗旨라고도 합니다.
　　종취의 자리는 어떤 자리인가? 종취 즉 근본의 자리는 말 없음의 자리, 불이의 자리입니다. 말이 필요 없는 자리, 말을 넘어서 있는 고귀한 자리입니다. 말이라 하는 것은 억지로 자기표현을 위한 것이지요. 그러나 말을 하지 않아도 통하는 그런 자리가 있습니다. 바로 불이의 자리지요.

'세존양구世尊良久'라는 말이 있습니다. 더러 경전이나 조사어록에 양구라는 말이 나오는데 양구는 잠잠히 말 않고 가만히 있는 것을 말합니다. 그래서 세존양구라 함은 석가모니 부처님께서 말하지 않으시고 가만히 계시더라는 말입니다. 요즘도 스님들이 법문할 때 법상에 올라가서 한마디 하시고는 그냥 가만히 있어요. 그것도 양구라고 합니다.

어느 날 외도가 부처님을 찾아와 물었습니다.
"말 있음으로도 묻지 않고, 말 없음으로도 묻지 않겠습니다. 당신이 부처라 하니 한마디 일러주십시오."
그때 세존께서는 아무 말도 하지 않으시고 그냥 묵묵히 앉아 계셨습니다. 바로 세존양구입니다.

그러나 이 양구는 말을 하지 않음에 대한 묵묵함 그런 차원이 아닙니다. 또 말 있음에 대한 무언, 말 없음이 아닙니다. 이때 양구는 참으로 그 목소리가 우레와 같고 뇌성벽력과도 같은 그러한 큰 소식이지요.

어떤 사람이 말은 하지 않고 있는데 에너지가 전달되어 나에게 뭔가 말을 하는 것 같은 느낌을 받았던 기억이 있을 겁니다. 바로 양구입니다. 이는 양구가 가지고 있는 힘인데 꼭 말을 해야 되는 것은 아니라는 것입니다. 이렇게 말을 안 해도 되는 자리가 어떤 자리인가? 종취, 그 자리는 근본의 자리, 으뜸의 자리, 본래의 자리, 본고향이라고 했습니다.

이 세상을 살아가는 데는 지혜가 으뜸입니다. 지혜가 없으면 사는 것이 괴롭지요. 자기가 뱉은 말에 대해서도 늘 후회스럽고 그렇지요. 그래서 '반야지불모般若之佛母, 지혜가 바로 부처님의 어머니' 그렇게 말을 합니다. 지혜 있는 사람은 부처님이고, 지혜 없는 사람은 중생인 것입니다. 반야지혜가 우리의 모든 생활과 다른 여타 바라밀을 관리한다고 보시면 됩니다. 보시, 지계, 인욕, 정진, 선정, 반야, 이 육바라밀을 총 관리하는 것도 사실은 반야바라밀입니다.

반야지혜는 활활 타는 불덩이와 같다고 했습니다. 그래서 반야지혜에서는 접근할 수 있는 게 없어요. 외부적 정보인 지식도, 과거에 알고 있었다는 알음알이도, 자기 입장에서 생각하고 부리고 있는 견해도 반야지혜의 활활 타는 불덩이에는 남아나는 게 없어요. 녹아 버리지요.

그렇다면 이 지혜라는 것은 무엇인가? 무엇이기에 활활 타는 불덩이와 같은가? 지혜는 언제나 당당하고, 언제나 생생하고, 언제나 살아 움직이는 의식, 깨어있는 의식을 말합니다. 그러니까 항상 올바르고 항상 유익한 그 무엇입니다. 그래서 반야지혜는 지식 이전의, 생각하기도 전의 직관능력으로서 반야지혜가 있으면 분명하고 또렷또렷한 판단 능력이 있게 되는 것이지요. 그래서 진실로 지혜로운 자들은 근본에 곧바르게 계합하는 겁니다.

근본에는 갖추어져 있지 않은 것 없이 모든 게 다 갖추어져 있지요. 근본의 자리는 허공 같은 자리이자 하늘 같은 자리, 또한 공의 자리입니다. 내 참마음의 자리라고도 할 수 있습니다. 아무것도 가지고 있지 않은 것 같은데 모든 것을 충족하고 있는 그런 자리입니다. 우리가 아무것도 없는 텅 빈 공중을 허공이라 하지만 사실 허공이 가지고 있지 않는 것이 없지요. 그 자리가 바로 공의 자리요 바로 내 참마음의 자리인 것입니다.

근본의 자리는 인연을 따르면서도 늘 초연합니다. 지금 허공의 세계에서는 일어나지 않는 일이 없어요. 인연을 따르는 거지요. 그렇다고 해서 그 인연을 따라가는 것만 하느냐 하면 허공 자체는 늘 초연합니다. 그래서 절대 그 자리를 떠나지 않으면서도 늘 인연을 따라갑니다.

보살이 또한 그러합니다. 보살의 삶이라 하는 것은 절대 그 자리를 떠나지 않으면서도 모든 인연을 다 따라다닙니다. 그렇게 모든 것을 따라다니지만 보살의 원래 인격은 절대 변함이 없습니다. 왜냐하면 늘 그 자리를 견지하면서 돌아다니기 때문입니다. 그래서 근본, 부처님 세상, 내 마음의 고향자리를 찾은 사람은 늘 편안합니다. 부처님을 생각하거나 내 마음 자리를 생각하면 늘 평화스럽죠? 바로 근본의 자리는 편안하게 쉬는 자리요, 평화의 자리이기 때문입니다.

근본의 자리에 들어가기 위해서는 어떻게 해야 되겠습니까? 끊임없는 체험, 끊임없는 시도가 있어야 합니다. 또 끊임없는 체험은 무엇이겠습니까? 바로 참선과 기도와 같은 수행이지요. 처음에는 맛만 보려고 하다가 나중에는 아예 들어가게 돼요. 어떤 음식점이 유명하다는 말을 들으면 가서 먹어 보잖아요? 일단 먹어 보고 맛있으면 집에 돌아가 만들어 보게 됩니다. 먹어 본 사람이라야 그 맛을 흉내라도 낼 수 있겠지요. 생각으로 맛을 상상하여 흉내 낼 수는 없습니다.

'아, 나도 부처님 세계에 들어가야 되겠는데, 나도 근본자리에 좀 들어가야 되겠는데, 나도 그 본래의 고향에, 그 좋은 자리에, 편안한 그 평화의 자리에 좀 들어가야 되겠는데, 내 가정이 좀 편안해야 되겠는데…' 하는 생각은 누구든지 다 할 수 있어요. 누구든지 다 희구할 수는 있습니다. 그렇지만 생각만으로 안 됩니다.

자기가 직접 걸어 들어가야 해요. 직접 걸어 들어가는 일, 체험, 그것이 바로 참선이요, 기도 수행입니다.

이것을 우리는 실참이라 합니다. 이론으로 하는 것이 아니라, 생각으로 그치는 것이 아니라, 직접 들어가는 것이 중요합니다. 재일에 절에 가서 법회에 동참하고, 참선하고, 기도하고, 봉사하면서 끊임없이 시도하고 체험하면 종취 즉 근본 또는 실재를 확인하게 됩니다. 그리고 그 실재는 언제나 충만하고 언제나 만족스럽고 언제나 평화스럽습니다.

반면 이렇게 좋은 자리가 있는가 하면 중생이 부리는 중생의 자리가 있어요. 중생의 자리는 지혜로 들어가는 자리가 아니라, 완전히 탐진치의 뒤끓는 마음으로 부리는 자리입니다.

돈 많은 사람이 자기 집에서 잔치를 열고 이웃 사람들을 전부 초대했습니다. 그 집에는 악어를 키우는 큰 연못이 있었는데 부자가 이웃 사람들에게 제안하기를, 악어 연못을 건너서 맞은편 언덕으로 올라가는 사람에게는 세 가지 소원을 들어주겠다고 하였습니다. 그 말이 끝나기가 무섭게 갑자기 한 총각이 풍덩 뛰어드는 겁니다. 그러자 악어가 저 멀리 있다가 이 총각을 잡아먹으려고 막 오는 거예요. 그러니 물에 뛰어든 총각은 아주 정신이 없겠지요. 어떻게 해서 무사히 연못을 건너 언덕에 도착하자 부자가 말했습니다.

"당신은 과연 패기도 있고 대단한 사람이오. 약속한 대로 소원 세 가지를 들어주리다."

"당신이 준다고 했으니 받겠습니다. 이 집에 있는 큰 총을 나한테 줄 수 있습니까?"

"약속을 했으니 총을 주겠소."

"총이 있으면 실탄도 있어야겠는데, 실탄도 줄 수 있습니까?"

"아, 물론 실탄도 주겠소."

그래서 실탄도 줬어요. 그러니 이제 두 가지 소원은 들어준 겁니다.

"마지막 세 번째 소원은 무엇이요?"

"이제는 필요 없습니다."

총각은 이렇게 말하면서 모여 있는 이웃 사람들을 향해 돌아서서 소리쳤습니다.

"나를 떠민 놈 당장 나와!"

그래서 잔칫집은 그야말로 난장판이 되고 말았습니다.

이처럼 근본을 찾아가는 사람들의 마음과 중생이 부리는 근본은 차이가 있어요. 중생의 근본은 세상을 뒤죽박죽 만들어 버립니다. 이런 중생의 근본도 수행함으로써 찾아간 그 근본에는 지극히 고요하고 모든 이들에게 평화를 주는 그런 힘이 있어요.

지금 잠시 하던 일을 멈추고 신묘장구대다라니를 독송해 보세요. 과연 내 마음이 편해지는지, 지극한 평화가 찾아오는지….

아이들 키우며 신경질 났던 일, 남편과 싸워서 화났던 일, 과거 나를 정말 힘들게 했던 일을 잠시 떠올려 보시고 그 기분을 생각하면서 신묘장구대다라니를 독송해 보는 겁니다. 망상이 많은 분은 새법요집을 펼쳐 놓고 보면서 하거나 테이프를 틀어 놓고 해도 좋습니다.

처음의 들끓던 마음이 다라니를 독송함으로 차차 가라앉아서 조용해집니다. 수행이 무르익으면 익을수록 들끓던 마음도 금방 가라앉아요. 그리고 지극한 평화 속으로 들어가게 되지요. 이렇게 내 마음이 평화스러우면 세상도 평화스럽습니다.

金多亂人心 금다난인심
靜見眞如性 정견진여성
금전이 많으면 사람의 마음을 어지럽게 하나,
마음이 고요하면 진여의 성품을 볼 수 있도다.

금전이 많다는 것은 금전이 많아서 주체가 안 되는 경우를 말하는 것이고, 진여의 성품을 볼 수 있다는 것은 진여의 성품 자리에 들어가더라는 말입니다. 그래서 아주 지극한 진여의 자리에 들어가면 나중에는 기쁨이 옵니다. 절에 다니면서 또는 기도를 하면서 참선을 하면서 처음에는 뒤끓던 마음이 차분히 가라앉지요. 그러다가 나중에는 알 수 없는 기쁨이 막 일어납니다. 그것을 법열이라 합니다.

終日無事一椀茶 종일무사일완다
交叉脚無心世呂 교차각무심세려
禪室空房一座服 선실공방일좌복
天下人坐尙有餘 천하인좌상유여

하루해 다 가도록 일없어 한 잔의 차
다리 꼬고 앉으니 세상은 나 몰라라
선실 빈방에는 하나의 좌복
천하 사람 다 앉아도 남음이 있네.

『명상일기(상)』 선실좌복, 無一 우학

좌복, 앉은 자리가 바로 근본의 자리라는 말입니다. 그러니까 기도하느라고, 참선하느라고 앉는 자리를 자주 만들어야 된다는 말입니다. 그러면 앉은 그 자리가 지극히 고요하고 평화가 깃든 자리가 되는 것이고, 거기에서 서서히 기쁨이 일어납니다. 그리고 그 기쁨이 세상의 모든 일을 성취하는 기쁨과 맞물리게 되고, 거기서부터 에너지가 파장됩니다.

고려 말 큰스님이셨던 백운 경한 스님의 제자 석찬이 수행을 통해서 드디어 깨달음을 얻었습니다. 제자가 경한 스님에게 세 번 절하고 꿇어앉았습니다.

"너의 마음이 몹시 기쁜 것 같구나. 그래, 어떤 도리를 얻었기에 그토록 기쁜가?"

"어떤 것인 줄 알고 보니 참으로 기쁩니다."

표현할 순 없지만, 내색은 할 수 없지만 참 기쁜데, 보여줄 수는 없는 그런 기쁨이라는 말입니다.

"내가 너의 기쁨을 도와주리라. 네가 기쁘니 나도 기쁘도다."

한 사람이 깨달음을 얻자 그 집안이 다 기쁘게 돼요.

　　네가 웃으니 내가 웃고
　　내가 웃으니 네가 웃네.
　　너와 나 둘 사이는 서로서로 거울
　　비춘 거울 또 비추니 무한한 웃음
　　그 거울이 또 비추니 끝없는 기쁨

> 내 행복 우주 행복 나는 곧 우주일세.
> 모두 행복 내 행복 모두가 곧 나일세.
> 내 아님이 없어라 인드라망이여,
> 네가 바로 나로다 인드라망세계.
>
> 『새법요집』 찬불가 인드라망, 無一 우학

네가 기쁘니 나도 기쁩니다. 한 사람이 깨달음을 얻고, 한 사람이 절에 와서 기도를 해서 기쁨을 얻으면 그 가족들이 다 기쁘게 되는 이치가 여기에 있습니다.

어느 부부가 있었는데, 하루는 아내가 쓸데없는 상상으로 남편에게 물었습니다.

"만약 우리 가족이 물에 빠졌다면 당신은 누구부터 구할 거예요?"

"당연히 어머니지."

아내는 은근히 화가 났지만 이해가는 부분이라 그냥 넘어가고 다시 물었어요.

"그러면 그 다음에는?"

"당연히 아이들을 구해야지."

"왜 내가 먼저가 아니고 아이들이야?"

"마누라는 다시 얻으면 되잖아!"

남편의 말을 듣고 아내는 울고불고, 화내고, 온종일 바가지를 긁었습니다. 그것으로도 분이 풀리지 않자 아내는 친구에게 하소연을 하였습니다. 자초지종을 들은 친구가 하는 말!

"이참에 수영이나 배워라!"

일어나지도 않은 일로 망상을 피워 본인도 괴로운 것은 물론이요, 온 가족을 괴로움에 빠뜨렸지요. 차라리 친구 말대로 수영이나 열심히 배워 망상할 시간이 없는 게 낫습니다.

이렇게 망상을 많이 피운다는 것은 근본자리를 벗어난다는 것이고 근본자리를 벗어나면 그 사람은 나중에 스스로 괴롭습니다. 누가 와서 괴롭게 하는 것이 아니라 스스로 괴로울 뿐이지요. 그러니까 망상 피우고 잡된 상상하지 말고 앉기만 앉으면 기도하고 염불하세요. 요리를 못하는 가정주부라도 맛있는 음식을 맛보고 따라 하려고 계속 시도하다 보면 요리 솜씨가 늘어요. 근본자리에 들어가려는 노력도 이와 같습니다. 근본자리에 들어가려고 계속 시도하다 보면 어느 순간 그 자리에 앉아 있게 됩니다.

근본자리는 시비, 분별, 질투 등을 다 떠나 버리는 자리입니다. 파도가 지극히 고요해진 그런 자리지요. 자기 할 일 다 하면서 자기 근본을 유지하면서 주위 모든 사람들을 따뜻하게 하니 얼마나 좋은 자리입니까. 그런 자리를 찾아서 부단한 정진, 부단한 불교적 수행을 해 가야지요.

그래서 이 종지라고 하는 자리는 둘이 아닌 이치, 둘이면서도 둘이 아닌 이치, 누구든지 다 상관성이 있는 그런 자리입니다. 그런 자리에서 노니는 그것이 중도적 삶, 원융한 삶, 조화로운 삶이요 바로 종지적 삶이지요. 근본적 삶이라는 말입니다. 지혜로운 사람은 다 종지적 삶을 갈구합니다.

예를 들면 가정은 가정의 근본이, 회사는 회사의 근본이, 한국불교대학은 한국불교대학의 근본이 있을 것입니다. 그리고 내가 내 자신의 개성을 잘 살려 나를 성장시키면 내가 어느 무리에 속하더라도 그곳의 근본이 바로 서고 발전하게 되겠지요. 이런 것이 지혜로운 사람의 종지적 삶이라 할 수 있겠습니다.

결론적으로 말씀드리면 무조건 근본자리에 들어가야 합니다. 그러면 먼저 마음이 지극히 평안해지고 그 다음에는 기쁨이 일어납니다. 그리고 이 기쁨은 나만의 기쁨으로 끝나지 않고 우주적 기쁨으로 승화되어 갑니다. 이것이 정중동靜中動의 법열입니다. 이러한 법열은 꽃향기가 되어서 이웃을 맑히고 사회를 맑히게 됩니다. 불자인 우리는 그런 삶을 살아야 하지 않겠습니까!

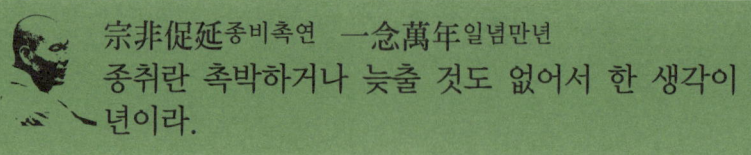

宗非促延종비촉연 一念萬年일념만년
종취란 촉박하거나 늦출 것도 없어서 한 생각이 만년이라.

촉박하거나 늦출 것도 없다, 말이 좀 어렵습니다. 종취는 즉 근본은 빠르거나 늦지 않아서, 이런 의미입니다. 그리고 이 문장에 있는 생각 념念은 '순간'이라는 의미로도 많이 쓰여서 일념만년을 '한순간이 만 년이요' 이렇게 볼 수 있습니다.

알 듯 말 듯, 참 어렵지요? 그래도 자, 가만히 생각해 보십시오. 종취, 종지라고 하는 근본자리, 부처님의 자리에 빠르거나 더딘 일이 있겠습니까?

본래 그 자리인데 빠르거나 더딤이 있겠습니까?

또 시간이라고 하는 개념이 있겠습니까?

시간이라고 하는 것은 중생들에게나 있는 것으로 근본자리에는 없습니다. 그래서 종취는 촉박하거나 늦출 것이 없다고 말한 것입니다. 그래서 옛날부터 말하기를 석가모니 부처님께서 먼저 나오셨고, 미륵 부처님께서 뒤에 오신다 하나 그 두 분은 선후 관계는 아닙니다.

古釋迦不先고석가불선 新彌勒不後신미륵불후
옛 석가도 앞섬이 아니요, 새 미륵도 뒤짐이 아니로다.

중생의 안목으로는 두 부처님이 앞서거니 뒤서거니 하는 것 같지만 본래 다 종지, 종취의 자리에 계신 분들로 선후라는 시간적 개념이 없습니다. 그래서 '고금무이로古今無二路 달자공동유達者共同遊, 예와 지금에 두 가지 길이 없나니 통달한 자는 함께 노닐도다', 시간개념 없이 시간의 제한 없이 종횡무진 한다, 이 말이지요. 『법성게』에서도 '일념즉시무량겁一念卽是無量劫이라, 한 생각, 한순간이 무량겁이라' 이렇게 말하였습니다.

그래서 종취의 자리, 근본의 자리는 우리가 촉박해서도 될 일이 아닌 것입니다. 촉박은 촉구하는 것, 태만은 늦춘다는 의미이기도 합니다. 그래서 종취의 자리는 촉구해서도 될 일이 아니고, 더디거나 태만해서도 될 일이 아니다, 이렇게 보시면 됩니다. 즉 빠르고 늦다는 것은 우리 중생심에서만 그렇게 보일 뿐이지 종취의 자리는 순간순간 잘 깨어있는 의식의 자리로서 원래의 자리, 본래의 자리, 근본의 자리인 것입니다.

태양이 늦게 뜬다, 일찍 뜬다 하지만 태양 스스로 늦게 떴다가 일찍 떴다가 하지 않습니다. 우리가 그렇게 볼 뿐이지요. 본래 늦게 뜨고 일찍 뜬다거나 늦게 지고 일찍 지는 법이 없어요. 그와 같이 이 세상의 모든 일들도 빠르고 늦음, 촉박하거나 더딤 같은 것이 있는 것처럼 보이지만 근본의 자리, 종취의 자리에서는 그런 일이 없습니다. 만약 종취의 자리에 빠르고 더딤이 있다면 하늘이 늙어 간다는 말이 나올 것입니다.

또한 종취의 자리는 근본의 자리이자 부처님의 자리입니다. 우리는 종종 '내가 기도를 했는데 가피가 빨리 왔어. 그런데 저 사람은 가피가 참 늦네' 이런 얘기를 합니다. 그런데 정말 가피가 빨리 오고 느리게 오는 것이겠습니까?

우리는 본래 근본의 자리에 있었습니다. 본래 부처님 자리에 있었는데 내가 아직 미혹의 구름을 다 걷어내지 못했기 때문에 내가 그 가피의 자리를 잊고 있었던 겁니다. 그래서 내가 가피의 자리를 자각하는 순간, '아! 내가 본래로 부처님과 함께 있었구나!' 하고 느끼게 됩니다. 태양이 본래 함께 했는데 내 미혹의 구름에 가려져 있었을 뿐이라는 말입니다. 이런 미혹의 구름은 기도와 참선을 통해서 스스로 확 걷어내면 본래로 언제나 태양빛을 받고 있었음을 확인하게 되는 것이지요.

근본은 빠르거나 느림이 없다고 누누이 말씀드렸습니다. 부처님의 자리에서는 과거 현재 미래라고 하는 시간개념 자체가 없어요. 그래서 『금강경』에도 '과거심불가득過去心不可得 현재심불가득現在心不可得 미래심불가득未來心不可得'이라고 밝히고 있습니다. 이 말은 과거도 잡을 수가 없고, 현재도 잡을 수가 없고, 미래도 잡을 수가 없다는 뜻입니다. 그렇다면 무엇이 있는가, 바로 현재 이 순간만 있습니다. 이 순간, 말하는 이 순간! 단지 이 순간순간일 뿐입니다. 지금 경험되는 순간, 이 순간만이 진실이요, 현실입니다. 언제나 현실만이 살아있을 뿐입니다. 그래서 현실이라 하는 것이 순간이지요. 순간순간이 현실입니다. 그러니 깨어있어야 합니다. 왜냐하면 이 순간이 현실이기 때문입니다. 순간순간 깨어있는 삶, 순간순간 열심히 사는 삶이 그래서 중요합니다.

일념만년, 한순간이 만 년이라 하였습니다. 만 년이라고 하는 긴 세월도 한순간, 한순간부터 시작됩니다. 한순간은 한 생각이 실린 한순간이기 때문에 같은 의미로 봅니다.

오늘 절에 와서 1층에서 걸어서 3층 대법당까지 간 것을 생각해 보세요. 1층에 들어서서 계단을 한 발자국, 한 발자국 올라섭니다. 이렇게 첫 계단을 올라설 때도 한 발자국이요, 2층쯤 올라가서 3층으로 올라가려고 또 한 걸음 내딛어도 한 발자국입니다. 그리고 계단을 다 올라와서 3층 법당 문 앞에서 법당으로 들어갈 때도 역시 한 발자국입니다. 이렇게 한 발자국 한 발자국이 세상

밖과 부처님 계신 법당을 연결한 것이니 얼마나 중요한 한 걸음입니까! 그 한 걸음이, 그 한순간이 바로 만 년을 연결한 이치가 이러합니다.

오늘이 365일 가운데 몇째 날입니까? 오늘이 65일째라면 어제는 64일, 내일은 66일, 모레는 67일…, 이렇게 하루하루가 모여 365일을 이루고 또 만 년을 이루지요. 어느 하루 없이 365일이, 만 년이 되지는 않아요. 일념만년, 그 의미를 확실히 아셨지요?

경전에 나오는 부처님의 말씀이나 역대 조사들, 큰스님의 말씀들 중 처음 보았을 때는 '아이구, 이게 무슨 말이야?' 하는 것들이 있습니다. 내용은 아주 심오한데 중생심에서 보니 도저히 감도 안 잡혀요. 그런 이유로 종비촉연 일념만년 이 한 구절, 여덟 자를 다시 보고, 다시 보는 것입니다.

우리가 음식을 꼭꼭 씹어먹듯이 그렇게 사유해야 완전한 내 것이 됩니다. 어디에서라도 '그래, 그 말 참 일리가 있네. 내 경우에는 이 말이 어떻게 적용될까?' 하고 사유하자는 말입니다. 처음에 얼토당토않던 그런 말씀들이 사유를 통해 '진짜 맞는 말씀이야!' 하고 말 그대로 도 터집니다. 대상을 두루 생각하는 이런 사유를 강조하는 이유가 여기에 있는 것입니다.

다시 앞의 이야기로 돌아가 일념만년, 이 구절을 곱씹어 보면 또 얼마나 멋있는 말인지 몰라요. 내가 만 발자국을 걷고자 할 때, 백 보를 갔을 때도 오천 보를 갔을 때도 그 시작은 한 걸음이요, 중간도 한 걸음입니다. 그리고 만 보의 마지막 걸음도 역시 한 걸음입니다. 한 생각이 만 년이라, 순간순간이 모여서 이렇게 만 년이 되는 겁니다.

지금 내가 무엇을 보든지, 어디를 보든지 다 순간입니다. 우리는 대개 대충대충 보지만, 이런 순간순간을 정확하게 포착해야 합니다. 이 순간이 영원으로 가는 첫 걸음이자 마지막 걸음인 것입니다. 그런데 이 한순간을 우습게 본다는 것은 영원을 우습게 보는 것이지요. 그래서 우리가 잘 산다는 것은 이 한순간을, 하루하루를 멋있게 산다는 것과 같습니다.

운문 스님이 물었습니다.
"보름 전의 일은 묻지 않겠다. 보름 후의 일을 말해 보아라!"
아무도 답을 못하자 스님께서 자답하였습니다.
"일일시호일日日是好日, 날마다 좋은 날이로다."

그렇지요. 날마다 좋은 날이면 잘 사는 것이지요. 그럼 불자로서 날마다 잘 사는 일이 무엇이겠습니까? 당연히 날마다 수행하고, 날마다 공부하고, 날마다 기도하면서 사는 것이 잘 사는 일이지요. 매일매일 그렇게 사는 사람이 만 년을 잘 사는 사람입니다.

"스님, 매일 수행하고 공부하고 기도하는 게 효과가 있습니까?"

있습니다!

한국불교대학 1기로 입학한 법우님들이 있는 반이 수요일반입니다. 이 1기 법우님들은 한국불교대학의 역사와 같이 하였으니 무려 20년을 넘게 매주 절에 와서 불교 공부를 하였다는 말이지요. 이 법우님들의 얼굴이 처음부터 지금처럼 훤하지는 않았습니다. 대부분 얼굴이 굳어서 성난 축생 얼굴과 비슷했는데 지금은 대보살이 다 됐어요.

그런데 그게 다 한순간 한순간이 저축돼서 그렇게 된 겁니다. 전에는 불평불만이 많고 원망이 많고 집에 가면 짜증스럽고 자기 신세가 한없이 처량하고 가여웠어요. 그랬던 게 부지불식간에 이렇게 성장된 겁니다.

아이들의 키가 자라는 것을 매일 알아 볼 수는 없습니다. 하루하루 밥 잘 먹고 잘 놀고 잠 잘 자고 하다 보면 나중에 몰라보게 자라 있어요. 부처님 전에 공덕 쌓는 것도 역시 그와 같아요. 내가 복을 받고 내가 지혜를 얻는 것도 한순간 한순간 모여서 되는 겁니다. 그래서 그 한순간이 나중에 만 년, 나아가서 긴 세월을 장엄

하는 거지요.

　매주 단 한 번이지만 절에 와서 공부하고, 재일에 동참해서 기도하고 수행하고, 특별한 날이나 어려움이 있을 때도 절에 와서 수행하고 기도하고…, 이러다 보니 전에는 안달이 나고 짜증스러웠는데 점점 의젓해지고 매사 초연해집니다. 한 주일, 한 주일이 별것 아닌 것 같았는데 나중에 보니까 자신이 그만큼 성장해 있는 겁니다. 그것이 바로 일념만년입니다. 그래서 한순간이 만 년을 포함하고 있는 겁니다. 이걸 역으로 생각해서 만 년에 한순간이라도 빼버리면 만 년이 없어져버리겠지요. 그래서 한순간이 만년이고, 한 생각이 만 년이며, 한순간이 영원과 맞닿아 있는 이것이 바로 일념만년입니다.

　우리는 깨달은 분을 '붓다'라고 말합니다. 붓다, 부처님, 깨달은 이런 사람들은 시간 속에 갇혀 있지 않아요. 다만 중생이 시간에 갇혀 있을 뿐입니다. 그래서 중생은 조그만 바쁘면 시간이 없다, 없다 합니다. 그러나 깨달은 사람 또는 불교를 아는 사람, 우리 대보살들은 시간이 없다는 그런 소리를 하지 않아요. 오히려 시간을 활용해 갑니다. 일념만년의 생활을 하는 사람입니다. 한순간 한순간 의식이 살아있기 때문에 시공간의 개념이 없어지는 거지요. 그래서 시간을 부려가는 그런 주인공이 되어야 합니다. 이

왕이면 시간을 부리면서 창조해 가면서 재미나게 살아가야 하지 않겠습니까? 부처님 공부, 기도, 참선 등을 매일, 매주 꾸준히 하는데 그 답이 있습니다.

飛石於池建多橋 비석어지건다교
念念踊躍視愛嬌 염염용약시애교
人間百年水上石 인간백년수상석
群生滋味時空描 군생자미시공묘

연못에 돌, 날리듯 던지니 여러 다리를 놓네.
곧 물속에 잠길 돌이지만,
한순간 한순간 깡충대는 모습이 애교스럽다.
인생 백 년이 긴 듯하나 물 위를 튀는 돌과 같은 것.
동행하는 이여,
짧은 이 한생 재미나게 시공간을 그려나가세.

『명상일기(하)』 삶을 재미나게, 無一 우학

재미나게 시공간을 그려 나간다는 것이 무엇이겠습니까? 절에 가서 공부하고 또 참선하고 기도하고 봉사하고 그런 것입니다. 그래서 오늘 이 순간을 보는 사람이 돼야 합니다. 매몰된 것이 아니라 자기가 볼 수 있는 안목이 있어야 해요. 그런 사람은 만 년을 봅니다. 그 순간 광명을 보는 사람, 그 순간 깨어 있는 사람은 만 년의 역사를 창조해 가고 만 년의 역사를 자기 인생으로 삼는 사람이지요. 거기서 별을 만들어 내고 거기서 세상을 만들어 내는 것입니다. 그래서 이렇게 깨어있기 위해 수행을 해야 하는데, 그 수행은 바로 부처님의 법대로 하는 수밖에 없지요. 수행의 가장 중요한 관건은 몰입하느냐 몰입하지 못 하느냐 입니다.

우리가 잘 아는 수월 스님은 천수다라니, 신묘장구대다라니를 외우고 견철을 얻었다고 합니다. 수월 스님은 글자를 한 자도 몰랐던 분이었으나 염불할 때만큼은 얼마나 몰입하였는지 모릅니다. 어느 정도였는지 알려 주는 일화가 있어요.

수월 스님의 은사이신 성원 스님이 하루는 법당에서 불공을 드리는데 암만 기다려도 마지가 안 올라오는 겁니다. 그래서 염불하다 말고 무슨 일인가 하고 공양간에 뛰어 내려갔어요. 가보니 수월 스님이 신묘장구대다라니를 크게 외우면서 불을 때고 있는데, 염불삼매에 빠져서 솥이 벌겋게 달고 타는 냄새가 진동을 하는데도 모르더라는 겁니다. 대단하지요.

그래서 기도를 하거나 참선을 할 때는 열 일 제쳐 놓고 해야 합니다. 특히 휴대폰은 꺼야 되는데 우리 법우님들은 법당에서 기도 한참 하다가도 전화 오면 전화 받고, 할 것 다 합니다. 더군다나 법당에서 나가서 전화를 받는 것도 아니고. 딴 사람이야 기도하든지 말든지 그 자리에서 "어, 그래 그래. 밥 묵었나?" 중요한 얘기도 아니잖아요. 밥 먹었니, 학교 갔다 왔니 하는 그런 얘기를 그 신성한 법당에서 할 절실한 이유는 없지 않습니까? 내가 기도 삼매까지는 못 가더라도 다른 사람의 기도삼매를 방해해서는 안 된다, 이 말입니다.

전라도에 가면 월명암이라고 하는 암자가 있어요. 진묵 스님이라는 분이 주석하고 계시는데, 시봉하던 시자가 산 밑 동네에서 출가를 한 모양입니다. 다른 대중들은 이미 탁발하러 나가고 혼자 남아 있던 시자 스님이 진묵 스님께 여쭈었습니다.

"스님, 오늘 집에 제사가 들었는데 좀 다녀와도 되겠습니까?"

옛날에는 제사를 중요하게 생각하던 때라 마을에서 지내고 싶었던 모양입니다. 그때 진묵 스님은 『능엄경』 또는 '차돌 능엄'이라고 해서 차돌처럼 딴딴하고 어려운 경이 있는데 문지방에 기대어 그 경을 읽고 계셨어요. 시자는 은사 스님이 『능엄경』을 읽는 걸 보고는 제사 지내러 갔습니다.

그리고 그 다음 날, 시자가 마을에 갔다가 절에 돌아와 보니 은사 스님은 여전히 책을 보고 계시는 겁니다. 그런데 방문이 열렸다 닫혔다 하는 바람에 은사 스님의 손이 돌쩌귀에 찍혀서 피멍

이 들어있어요. 그런 은사 스님에게 다가가 다녀왔다고 인사를 드리자 스님께서 한다는 말씀이,

"시자, 제사 지내러 간다더니 아직도 안 갔나?"

제사를 다 지내고 밤을 새우고 왔는데도 모르실 정도로, 손에 피멍이 들어도 모를 정도로 간경삼매에 빠지셨던 것이지요.

한 십 분 정도 책 봤다 싶은데, 화장실 가려고 책을 놓고 보니 주위가 깜깜해져 있고, 다시 책을 보려고 하니 글자가 안 보이는 그런 경험이 있습니까? 그 정도는 돼야 공부한다 할 수 있지요. 수월 스님처럼 염불해서 얻어지는 염불삼매, 진묵 스님처럼 간경해서 얻어지는 간경삼매, 참선하여 얻어지는 참선삼매 또는 화두삼매와 같이 우리가 어떤 수행과 기도를 하건 삼매에 들 정도로 해야 합니다.

일념즉시무량겁一念卽是無量劫, 수행 속에서도 이런 것이 느껴져야 돼요. 우리 삶 속에서도 일념만년이 돼야 되고, 수행 속에서도 역시 그러해야 합니다. 잠시 들어갔는데 그냥 몇 시간이 지나가 버렸다 하는 것처럼, 시간이 안 느껴지는 사람일수록 그 시간의 주인공입니다. 그리고 그 사람은 그 시간만큼 오래 사는 겁니다. 스님들이 대체로 오래 사는 이유가 시간을 초탈한 그런 세계에 자꾸 들락날락하니까 그만큼 시간을 벌어서 그런 겁니다. 기도수행

을 많이 하는 사람은 잘 늙지도 않고 병도 잘 없습니다.

自疑不信人자의불신인 自信不疑人자신불의인
스스로를 의심하면 남도 믿지 않고, 스스로를 믿으면 남도 의심하지 않는다.

스스로를 의심하지 않으려면, 스스로가 스스로의 주인공 노릇을 하려면, 무조건 공부하고 수행하는 그 길밖에 따로 없습니다. 내 자신을 믿고 내 부처를 믿으려면 무조건 부처님 공부해야 합니다. 세속의 공부는 엉터리도 많지만 부처님 공부는 만고불변의 진리입니다. 부처님 공부 부지런히 하고 또 아울러서 늘 기도와 수행, 참선을 같이 병행해야 합니다. 그리하면 내 안의 가득찬 그 빛이 바깥으로 드러나서 내 삶 자체가 재미있어 지는 것은 물론이요, 남도 행복하게 합니다.

일념만년, 지금 시작하는 한 발자국이 만 년이 됨을 기억하시기 바랍니다.

33

있거나 있지 않음이 없어서 시방이 바로 눈앞이로다.
지극히 작은 것이 큰 것과 같아서
상대적인 경계가 모두 끊어지니라.

無在不在무재부재하여　十方目前시방목전이로다
極小同大극소동대하여　忘絶境界망절경계라

無在不在무재부재　十方目前시방목전
있거나 있지 않음이 없어서 시방이 바로 눈앞이로다.

　　　시방十方은 사방四方인 동, 서, 남, 북에 간방間方 또는 사유四維라고 하는 남동, 남서, 북동, 북서와 상, 하를 모두 통틀어서 하는 말입니다. 시방이 바로 눈앞이로다, 시방이 바로 목전이로다, 이때의 시방은 '세상'이라 보면 됩니다. 그래서 세상이 바로 눈앞이로다, 이렇게 해석할 수 있는데 이 문장에는 다섯 가지 큰 의미가 있다고 보여집니다.

세상이 바로 눈앞이로다, 그 첫 번째 의미는 현실을 똑바로 보라는 것입니다.

임제종의 오조 법연 스님이라는 분이 제자 셋과 함께 먼 길을 갔다가 늦게 돌아오게 되었습니다. 칠흑같이 어두운 밤중이라 등불 하나에 의지해서 오는데 갑자기 바람이 불어서 그만 등불이 꺼지고 말았어요. 그때 오조 법연 스님이 기회를 놓치지 않고 제자 세 명에게 물었습니다.

"일전어一轉語, 지금 너희들의 심경을 얘기해 보아라."

즉, 깨닫는 바를 얘기해 보라는 것입니다. 어두운 밤의 등불은 집으로 말하면 대들보나 기둥과 같이 대단히 중요한, 없어서는 안 되는 그런 것입니다. 그런데 지금 이것이 없어졌어요. 이때 함께한 세 명의 제자 중에서 두 제자의 답변은 전해지지 않은 것을 보면 시원찮았던 모양입니다. 그리고 나머지 한 명 불과 원호라는 스님은 다음과 같이 답을 합니다.

"간각하看脚下, 발밑을 보면 됩니다."

우리 인생길이라는 것이 칠흑같이 캄캄한 밤과 같습니다. 암야행로暗夜行路, 깜깜한 밤길을 지금 내가 가고 있습니다. 너무 캄캄해서 한 치 앞도 내다볼 수 없어요. 사실 오늘 당장 이 시간 이후에 우리에게 무슨 일이 일어날지 모르는 게 인생이지요. 그런데 그나마 있던 등불마저 꺼졌어요. 인생을 살다가 큰 난관에 부딪치게 된 겁니다. 이때 과연 어떻게 하겠느냐고 물어 보신 것입니다. 그러자 똑똑한 제자 불과 원호 스님, '간각하, 발밑을 보면 됩니다' 라고 하였습니다. 즉, '현실을 똑바로 보라' 이 뜻입니다.

세상이 바로 눈앞이로다, 그 두 번째 의미는 차별하지 말고 그대로 보라, 이 말입니다.

우리는 부지불식간에 많은 차별을 하면서 삽니다. 예를 들어 크레파스를 쭉 나열해 놓고 아이에게 질문합니다.

"어느 색깔이 좋으니?"

그 아이들 중에는 빨간색이 좋다는 아이도 있고 초록색이 좋다는 아이도 있고 보라색이 좋다는 아이도 있을 것입니다. 이것은 말 그대로 아이들의 차별일 뿐이지 빨간색 크레파스가 또는 초록색 크레파스가 분별하는 것은 아닙니다. 얼굴 피부 색깔도 마찬가지입니다. 차별하는 것은 자기가 살아온 하나의 습기 때문에 그런 것입니다.

차별하지 말아야 합니다. 부자와 가난한 이를 차별하지 말고, 키 큰 사람과 작은 사람을 차별하지 말고, 부처와 중생을 차별하지 말고, 번뇌와 보리를 차별하지 말고, 손가락과 발가락을 차별하지 말고, 정수리와 발바닥을 차별하지 말고, 지혜와 어리석음을 차별하지 말고, 눈과 귀를 차별하지 말고, 코와 입을 차별하지 말고, 움직임과 멈춤을 차별하지 말고, 깨달음과 미혹을 차별하지 말고, 출가자와 재가자를 차별하지 말아야 합니다.

있거나 있지 않음이 없어서 시방이 바로 눈앞이라, 즉 차별하지 말고 현재의 모습 그대로 보라 이 말입니다.

세상이 바로 눈앞이로다, 그 세 번째 의미는 눈앞에 보이는 것 그대로 진리의 모습이라는 것입니다. 자기의 한 손으로 다른 한 손의 손가락을 마음대로 움직여 보세요. 내가 움직이는 대로 손가락이 움직여지지요? 이것이 눈앞입니다. 그리고 이것이 진리입니다. 진리가 별 게 아니라는 말입니다.

가을밤 밝은 달이 눈앞이라 밝은 달이 바로 진리요, 겨울 하얀 눈이 눈앞이라 그것이 또한 진리입니다. 반짝이는 별이 눈앞이고, 계곡의 물소리가 눈앞이고, 맑은 바람이 눈앞이고, 저 밝은 태양이 바로 눈앞이라, 이 모두가 진리입니다. 스님들의 시문에 '구구팔십일이요, 삼삼은 구니라' 와 같은 말이 등장하는데 이것 또한 진리지요. 별다른 진리가 따로 있는 게 아니라 눈앞에 보이는 것 그대로 진리의 모습이다, 하는 것을 말합니다.

세상이 바로 눈앞이로다, 그 네 번째는 세상의 선택권은 바로 나에게 있음을 말하고 있습니다.

"Emptiness here, emptiness there, but the infinite universe stands always before your eyes."

Emptiness here emptiness there, 여기도 공, 저기도 공이라는 이 문장에서 emptiness는 공空입니다. 공이라 하는 것은 고정된 실체가 없기 때문에 무자성無自性입니다. 내가 공하다는 아공我空은 나라고 하는 고정된 실체가 없다, 이 말입니다. 이것은 또 내가 무한정으로 온 세상에 대해서 열려 있다는 말이기도 합니다.

무자성, 나라고 할 만한 실체가 없다는 말에 우리는 늘 긍정적으로 생각을 해야 합니다. 고정된 '나'가 있다면 더 이상 발전 가능성이 없습니다. 그러나 아공, 무자성이라면 나라고 하는 존재가 어떤 마음, 어떤 선택을 하느냐에 따라서 현재의 내가 당장 일 초 후에라도 달라진다는 말입니다. 그게 바로 정확한 공의 개념입니다. 고정된 실체로서 나는 없는 것 그게 공입니다. 그래서 선택권은 바로 현재 나의 생각에 달려 있는 겁니다. 현재 내 생각에 따라서 현재적인 '나'가 달라지고 미래의 '나'가 달라지는 겁니다. 내가 개를 선택하면 개가 보이고, 내가 부처를 선택하면 부처가 보입니다.

결국 현재 내가 마음을 어떻게 잡느냐에 따라서 내 자체가 달라지는 것이지요. 그것을 『화엄경』에서는 일체유심조一切唯心造라 말합니다. 일체는 오직 마음이 짓는다, 그러니까 마음이 창조주지요.

The infinite universe stands always before your eyes, 당신의 눈앞에 항상 무한한 우주가 펼쳐져 있습니다. 이는 무한한 우주만큼 가능성이 있는 게 우리인 것입니다. 바로 선택이 지금 내 손에 내 마음에 있기 때문입니다.

세상이 바로 눈앞이로다, 그 다섯 번째는 세상을 전체적으로 보라, 이 말입니다.

자연휴양림에 가면 큰 나무들이 멋있게 서 있습니다. 멀리서 보면 참 멋있어요. 마음이 다 시원해져요. 그런데 다가가서 보면 여기도 상해 있고, 저기도 상해 있고, 또 여기저기 이끼도 끼어 있고, 잔가지도 부러져 있고, 새똥도 여기저기 묻어 있어요. 이런 것을 보고 나면 대부분의 사람들은 처음의 그 멋있다던 것을 잊어버립니다. '뭐야, 새똥도 묻어 있고, 여기저기 썩었잖아. 게다가 송충이도 많네' 하면서 그런 소소한 것으로 나무 전체를 잘못 판단하는 수가 많아요. 왜 꼭 새똥만 보이고 송충이만 보이겠습니까. 나무가 많으면 많을수록 뿜어내는 산소가 많아서 지구가 깨끗해지지요? 또 새도 살게 하고 송충이도 살게 해줘요. 그러니 인간에게도 동물에게도 고마운 나무인 것이지요. 그러니 우리는 늘 큰 안목으로 이 세상을 보면서 살아야 하는 것입니다.

한국불교대학은 법우님 한 분 한 분 또는 기관 기관이라는 나무들이 모여서 전체적인 숲을 이루었습니다. 옥불보전에 있는 참좋은 어린이집, 유치원의 아이들만도 오백여 명 되는데 그 가족들까지 더하면 한국불교대학의 식구가 얼마나 많겠습니까? 또 노인전문요양원인 무량수전에서 일하는 요양보호사와 입소한 어르신들, 그리고 그 어르신들의 가족까지 일일이 셀 수 없을 정도입니다. 이렇게 거대한 숲, 한국불교대학이 잘 운영되려면 우리 법우님에게 한국불교대학이라는 숲 전체를 볼 수 있는 안목이 있어야 합니다.

예를 들면 공부 시간이 끝나고 나면 간혹 자기가 앉았던 좌복도 정리하지 않고 돌아가는 분이 있어요. 자기가 앉았던 좌복을 자기가 정리하지 않으면 누가 정리하겠습니까? '내가 안 해도 누군가가 하겠지' 이렇게 생각하는 사람들이 많으면 많을수록 법당은 더 지저분해질 것입니다. '한국불교대학이 거창하다던데, 나도 다녀 볼까?' 하고 왔다가 지저분한 법당을 보았다면 다닐 마음이 나겠습니까?

또 공양간의 반찬이 자기 마음에 안 들 수도 있어요. 그래서 짜네, 싱겁네 하면서 도저히 먹을 수가 없어서 불교대학에 못 다니겠다고 말을 해요. 물론 공양간 음식이 맛있으면 좋겠지만 하루에 다녀가는 사람만도 수백, 수천 일 때가 많은데 그 많은 입맛을 맞추기도 어렵고 여러 가지 많은 반찬을 하는 것도 어렵습니다. 무엇보다 절에 다니는 이유가 맛있는 음식을 먹기 위해서는 아니잖습니까?

법당이 지저분해서 절에 안 다니고, 공양간 밥이 맛없어서 안 다니면 누가 손해겠습니까? 나만 손해인 것입니다. 그래서 너무 잔잔한 걸 따지고 시비하지 말라는 얘기입니다. 전체적인 것, 근본적인 것을 생각하고 배려하면 덕을 보는 것은 내 자신입니다. 그러므로 시방목전 세상이 눈앞이로다, 이 문장이 가지는 다섯 번째 의미는 사람과 모든 대상을 볼 때 전체적으로 보라, 마음 좀 잘 쓰라는 말입니다.

우리가 마음을 잘 쓴다는 것은 어떻게 쓰는 것을 말하는 걸까요?

체상용體相用이라는 말이 있습니다. 체상용이라는 말을 사전에서 찾아보면 『기신론』에서 중생의 평등한 본성 그 자체體와 그 본성에 갖추어져 있는 무한한 능력相과 그 본성이 중생에게 모든 선善을 닦게 하여 청정한 과보를 받게 하는 작용'이라고 정의하고 있어요.

쉽게 말씀드리자면 첫째, 체體 마음 바탕이 얼마나 주인다운가? 둘째, 상相 마음 모양이 얼마나 편안한가? 셋째, 용用 마음씀이 얼마나 아름다운가? 그래서 이 체상용이라는 말을 가지고 불자인 우리가 어떻게 마음을 잘 쓸 것인가 살펴보겠습니다.

먼저 체상용의 체體, 마음 바탕이 얼마나 주인다운가, 다른 말로 나는 얼마나 주체적인가?

> 블랙홀 체험 관람 제목이다.
> 'Believe It or Not'
> 믿거나 말거나
> 내 몸 통째로 요란한 불빛에 휘감겨
> 바쁘게 돈다.
> 혼을 다 뺀다.
> '여기가 어디인가?'
> 정신 차리는 순간
> 나는 굳건히 그 자리에 서있다.
> 색성향미촉법

여섯 가지 도둑놈 소굴에서도
주인공의 보검寶劍이 빛을 발한다.
바로 이것이야
Believe It or Not
믿거나 말거나.

『미국에서 읊은 노래2』 수행의 이유, 無一 우학

 이 시의 배경은 미국 뉴욕의 맨해튼에 타임스퀘어라고 하는 지역인데 젊은이들이 많이 모이는 곳입니다. 거기에 특별한 체험관이 있는데 그 체험관 이름이 'Believe It or Not' 입니다. 그리고 그 안에 블랙홀 체험관이 있는데, 블랙홀 체험관은 마치 큰 드럼통 속을 사람이 지나간다고 생각하면 됩니다. 긴 드럼통은 터널처럼 생겼는데 거기를 지나가다 보면 현란한 불빛이 비치면서 막 돌아갑니다. 사다리처럼 긴 길은 고정되어 있어 전혀 움직이지 않는데도 가다보면 자기가 거기에 휩쓸려서 정신없이 돌아갑니다. 바깥에서 도는 요란한 불빛에 휘감겨 다같이 돌아가 버려요. 하나의 착각 현상이지요. 그 순간 정신을 딱 차려요! '나는 어디에 있는가, 여기가 어딘가?' 하고 정신을 딱 차리는 순간에 나는 서있고 바깥 것만 돌아간다는 사실을 알게 됩니다.
 제가 그 체험을 하면서 느낀 점이 세상 돌아가는 것도 이와 같겠구나, 하는 것이었습니다. 정신 차리고 보면 별것도 아닌데 자기가 거기에 휩쓸려서 정신을 못 차리고 혼이 다 빠지는 거지요.

우리 법우님들이 차비 들여가며 수업료 내가며 한국불교대학에 와서 앉아 있는 이유가 뭐겠습니까? 일단 와서 앉아 있으면 마음은 쉬어지고 정신이 차려집니다. 부처님 뵙고 앉아 있으면 마음이 차분해지지요? 자기 주인공이 딱 바로 섭니다. 그러니 계속해서 오시는 것이겠지요. 일주일에 한 번이지만, 뭐 더 자주 오면 좋겠지만 적어도 일주일에 한 번 절에 오는 이것이 내 정신을 차리게 하고 내 혼미해진 정신을 가다듬는 자리가 되는 것입니다. 이 세상은 '아차!' 하는 순간에 정신없이 휩쓸려 버립니다. 그래서 불교적 수행이 필요하고, 불교적 수행을 할 수 있는 정법 수행 도량이 필요한 것이지요.

정신 차리는 순간 나는 굳건히 그 자리에 서 있지만, 그러기 전에는 세상이 얼마나 현란한가 구체적으로 예를 한번 들어봅시다. 위의 시에 나오는 '색성향미촉법'을 육경六境이라고 하는데 육경을 다른 말로 육적六賊, 여섯 가지 도둑놈이라고도 합니다. 물론 이는 중생의 안목에서 보는 겁니다. 현재적인 나는 눈, 귀, 코, 혀, 몸, 생각의 안이비설신의로 되어 있어요. 그 안이비설신의가 상대하는 것이 색성향미촉법입니다. 그런데 이 색성향미촉법이 나를 정신 못 차리게 할 때가 많아요. 색은 색깔, 현란한 색이 눈앞에 펼쳐지면 어지러워요. 성은 소리, 자기 심지가 굳건하지 않으면 누가 지나가는 말로 한 소리하는 것에도 자신을 잃어버려요. 향은 향기, 우리는 서양 사람들에게서 누린내가 난다 하고, 서양인들은 우리에게서 된장 냄새, 마늘 냄새가 나서 싫다고 해요. 또 엘리베이터 안에서 향수를 많이 뿌린 사람과 함께 타면 머리가 어질어질 합니다. 그리고 미는 맛, 적당하게 먹지 못하고 요즘은 너무 먹어서 문제이지요. 촉도 마찬가지입니다.

여기서 특히 제가 결론적으로 드리고자 하는 말씀이 '법'에 관해서 입니다. 이 법이라는 말은 세상에서도 쓰는 말인데 세상의 법은 Rule, 규범, 규칙을 의미해요. 사전적 의미는 '국가의 강제력이 따르는 온갖 규범' 입니다.

그러나 우리 불자가 사용하는, 절에서 쓰는 법의 의미는 달라요. 첫째, 우리는 부처님 말씀을 법이라고 합니다. 둘째, 세상 돌아가는 본래 이치, 진리를 또한 법이라고 해요. 그런데 셋째는 뜻이 전혀 다릅니다. 세 번째의 법은 안이비설신의에서 '의' 즉, 생각에 대한 대상으로서의 법입니다. 생각을 하자면 반드시 생각 안에 또 다른 대상이 있어야 돼요. 우리는 그걸 고정관념이라 하고 또는 번뇌 망상이라고도 합니다. 또 다른 어떤 대상을 상대해서 생각을 일으키는데 바로 그 대상이 법이라, 이 말이지요.

우리는 번뇌 망상을 어떻게 일으키는가? 왜 일어나는가? 중생이기 때문에 공연히 일어납니다. 깜깜하기 때문에 일어나요. 십이연기十二緣起 중에서 무명無明, 행行, 식識이 『반야심경』에 나오는데, 무명은 밝음이 없다 즉, 어둡다는 말입니다. 칠흑같이 깜깜해지거나 어두워지면 온갖 망상이 일어납니다. 중생들의 마음이 어둡기 때문에, 어디서 일어나는지도 모르게 번뇌 망상이 막 치솟습니다.

제가 미국 뉴욕도량에 있을 때 한번은 주지인 밀허 스님한테서 전화가 왔습니다.

"스님, 지금 미국에 계십니까? 서울에 계십니까?"

"지금 서울에 전화했나? 미국에 전화했나?"

"스님, 사람들 하는 말이 우학 스님이 미국 간다 해놓고, 서울에서 골프채 메고 가평에 왔다 갔다, 내가 봤다 안 합니까!"

"쓸데없는 소리 하지 말고 전화값 비싸니 끊어라."

며칠 후에 또 전화가 왔어요.

"스님 지금 캐나다에 계십니까? 미국에 계십니까?"

"왜 또 그런 소리 하느냐?"

"스님, 상당수 사람들이 스님이 절을 팔아서 캐나다로 가 버려서 이제 다 쫓겨나게 됐다고 난립니다."

"지금 절에서 멀쩡히 잘살고 있지 않느냐."

"스님, 일 년 후에 절을 비워줘야 된다면서요?"

주지 스님 입장에서는 모든 게 다 걱정이지요. 이 소리 들으면 저것도 걱정이고, 저 소리 들으면 이것도 걱정입니다. 더군다나 제가 뉴욕도량에 와 있으니 주지 스님도 걱정이 좀 심해졌겠지요. 그런데 며칠 후에 또 전화가 왔어요.

"스님, 이걸 대응할까요? 말까요?"

"무얼 말이냐?"

주지 스님의 말인즉, 제가 미국도량에 장기간 머물던 그 해 10월인가 11월에 대구경북 불교탄압규탄대회가 있었습니다. 제가 미국에 있으니 당연히 참석을 못했겠지요. 그런데 어느 잡지책에 '우학 스님이 당시 정부 관계자들과 친하니까 입장이 곤란해지기 싫어서 불교탄압규탄대회에 참석하지 않고 미국으로 도망쳤다' 라고 실렸다는 것입니다.

제가 대구큰절을 비울 때는 최소 반 년 전부터 준비를 해요. 마찬가지로 미국 뉴욕도량으로 간 것도 가기 몇 달 전부터 준비해서 여름인 8월 26일에 출국했습니다. 그러니 잡지에 실린 기사는 앞뒤도 안 맞는 말이지요. 그런 말도 안 되는 소리를 한 그 사람은 한국불교대학을 시기해서인지는 몰라도 혼자 번뇌 망상을 일으켜 소설을 쓰고, 또 여과 없이 이 사람 저 사람한테 퍼뜨리고 잡지에

까지, 기가 차지요? 그래서 주지 스님이 대응할까 말까하고 물었던 겁니다.

"지나가는 바람하고 시비하는 사람이 더 나쁘다. 놔둬라."

지나가는 바람은 실체가 없어요. 아무 실속이 없어요. 그냥 지나가 버립니다. 보통 소문들은 다 그런 바람에 지나지 않습니다. 지나가는 바람과 시비하면 시비하는 사람만 손해지요. 그래서 그냥 내버려 두었어요.

그런데 이게 끝이 아닙니다. 또 며칠 후에 전화가 왔어요.

"스님, 골치 아픕니다."

"또, 뭐가?"

"스님, 스님께서 미국에 가신 이유를 두고 애 낳으러 가셨다고 사람들이 말합니다."

"내가, 여자가?"

어떻게 번뇌 망상을 그 지경까지 일으키는지, 아무튼 사바세계는 참으로 깜깜한 세상이라 우리는 늘 정신을 차려야 합니다.

우리가 번뇌 망상 너무 많이 일으키면 안 된다는 걸 말씀드리기 위해서 진주에서 온 편지를 소개하는데 다음은 간추린 내용입니다.

8월 초 아들 생일에 생각이 나기 시작했습니다. 입술이 타고 말랐습니다. 이런 말은 할 자격이 없지만요. 여고 시절 삼복도로 영화 이야기, 학교 앞에서 얼굴을 만졌던 것, 손을 잡았던 것, 참 아련하네요. 이층집 산동네 약국 뒷집 레스토랑 그리고 동장실 그리고 동네 호프집 그리고 을숙도 바닷가 잔디밭. 그대가 짝사랑 노래를 불러 달라고 한 것. 앞 소절 그리고 그 바닷가. '가을엔 편지를 쓰겠어요' 노래가 생각나네요….

횡설수설은 둘째치고, 일단 제가 자란 곳은 시골이라 바다와 거리가 멀어요. 을숙도가 어딘지도 모릅니다. 시골에서 여학생 만나 본 적도 없고 호프집 구경도 못해 봤어요. 하지만 제 삼자가 이 편지를 보았다면 어떤 생각이 들겠습니까.

이 정도의 번뇌 망상이면 생사람도 잡겠지요. 연예인들이 인터넷 댓글 때문에 자살하는 이유가 이런 겁니다.

그래서 수시로 '나는 얼마나 생각이 주체적인가?', '나는 얼마나 정신이 깨어있는가?' 하고 돌아봐야 합니다. 그렇지 않으면 육적에 휘말려서 내 정신을 잃어버리고 말아요. 누구의 험담이라도 듣게 되면 말을 전하는 그 사람의 말만 믿는 것은 옳지 않아요.

그게 바로 여기서 말하는 육적, 내 마음 바탕이 주인답지 못해서 처신을 잘못하고 있는 겁니다. 늘 정신이 깨어있어서 누가 남의 얘기를 하거들랑, 이 사람이 지어낸 말은 아닌가, 이 사람이 시기 질투나 탐진치 삼독심에 기인해서 하는 말은 아닌가 하고 돌아볼 줄 알아야 해요. 그래서 자신은 더 이상 구업을 짓지 말아야 합니다.

물론 험담하는 사람과는 가능하면 상종하지 않는 것이 자기 정신 차리는 일이 됩니다. 왜냐하면 부처님처럼 신심이 굳건하지 못하면 아무리 심지가 강한 사람이라도 흔들릴 수 있기 때문입니다. 그러니 나쁜 얘기, 이간질 하는 말은 아예 하지도 말고 듣지도 말고 정신 차리셔야 돼요.

둘째, 체상용의 상相, 마음 모양이 얼마나 편안한가?

마음 모양이 편안한 사람은 마음 모양이 반듯합니다. 역으로 반듯하면 마음이 편안합니다.

어떤 사람이 열심히 노력해서 일이 잘 되고 그 사람으로 인해서 또 좋은 일이 일어나면 내 마음도 기뻐야 합니다. 그런데 그렇지가 못해요. 그 사람과 이해관계가 없는 사람들도 대부분 오히려 시기 질투하고 마음이 복잡해집니다. 남이 잘되거나 또는 남이 좋은 일 하면, 그것을 응원하거나 찬탄하는 것이 아니라 마음이 아주 불편해요. 만에 하나 누군가 좋은 일 하는 걸 보고 마음이 불편하면, '아! 내 마음 모양이 비뚤하구나. 마음 모양이 반듯하지 않구나!' 하고 생각하면 딱 맞습니다.

　미국 뉴욕에 콜롬비아 대학이라고 하는 유명한 대학이 있습니다. 이 대학에는 티베트 불교, 일본 불교, 중국 불교학은 과가 개설되어 있어서 석·박사를 배출하고 있지만 얼마전까지도 한국 불교학은 개설되어 있지 않았었습니다. 수십 년 동안 다른 불교 국가에서는 아낌없이 많은 지원을 해서 미국에 자기 문화도 알리면서 자기 정서에 맞는 불교학을 가르쳤습니다.

　그런데 평소 유독 한국 불교학과만 없는 것을 안타깝게 여긴 어느 한 거사님이 백오십만 불, 한화로 약 이십 억 정도를 기부해서 한국 불교학과를 개설하게 되었습니다. 그럼 이것이 얼마나 대단하고 기분 좋은 일입니까? 얼마나 감사할 일이에요? 그런데 교민 사회에서 그것도 특히 불교인들 만나보면 한 20% 정도는 '그럴 돈 있으면 빵이나 더 사 먹지…' 하면서 욕을 하는 겁니다.

　잘난 체한다는 말인데 들어 보면 아주 웃기지도 않아요. 남이 좋은 일 하면 박수는 못 쳐 줄지언정 어떻게 뒤에서 비아냥대고 나쁘게 말하는 것인지…. 그런 사람들은 필시 마음 모양이 아주 삐뚤합니다. 마음 모양이 반듯하지 못해요. 설령 좋은 일 하는데 있어 상을 좀 내더라도 좋은 일 안 하는 것보다 좋은 일 하는 게 더 낫지 않겠습니까?

그런데 이십 억을 기부한 이 거사님은 상도 내지 않아요. 미국에서 또 한국에서 몇 번 뵈었는데 한 사, 오 년 전에는 불교 공부를 해 보겠다 하시더니 동국대학교 경주 캠퍼스에서 정식으로 학사 과정을 끝냈어요. 학기 중에는 미국의 사업은 부인에게 맡기고 한국에서 공부하시고, 방학에는 미국으로 돌아가 다시 사업하시고 이렇게 학사 과정을 마친 겁니다. 지금 이 거사님의 나이가 일흔이 넘으셨어요.

한국불교대학에 강의 들으러 오시는 우리 법우님들, 이제 나이 오십 넘어가지고 "아이구, 나는 나이가 많아서 공부 못하겠습니다." 하시면 안 되겠지요?

또 이 거사님은 동국대학교에서 공부할 당시에 오십만 불, 그러니까 한화로 칠 억 정도 되는 돈을 동국대학에 기부하셨어요. 스님들이 미국에 가서 공부를 좀 하셔야 될 것 같다면서 해외 유학비로 장학금을 선뜻 내놓은 겁니다. 그런데 사람들이 뒤에서 또 비아냥대고 욕을 해요.

절에
스님 없으면
그것은
한낱

건물일 뿐입니다.

『미국에서 읊은 노래2』 미국 老거사의 근심, 無一 우학

이 거사님이 뉴욕에서 삼십 년간 살면서 빈 절들도 많이 보았고, 그나마 절이라고 있지만 스님이 없어서 제대로 절다운 절이 없음이 안타깝더라는 것입니다. 그래서 콜롬비아 대학에 이십 억을 들여 한국 불교학과를 개설하고, 한국의 스님들을 더 넓은 곳에서 공부시키겠다고 다시 장학금 칠 억을 기부하고, 게다가 본인은 더 큰 안목을 가진 불교 지도자가 되겠다고 미국에 살면서 한국까지 와서 불교 공부를 한 것입니다. 위의 시는 이 거사님 얘기인데, 아주 독실한 불자의 마음인 거 같아요.

이 이야기에서 말하는 것은 이 거사님처럼 장학금을 기부하자는 게 아닙니다. 물론 여유가 있어서 할 수 있으면 더 좋은 일입니다. 그러나 평소 내 마음이 바른가, 내 마음이 반듯한가, 그것을 단속하고 살피는 게 우리가 할 일입니다. 내 마음이 바르기만 하면, 내 마음이 반듯하기만 하면 마음은 편안해집니다.

An empty bag can't stand upright.
빈 가방은 똑바로 설 수 없다.

미국 속담입니다. 한번 생각해 보시기 바랍니다.

셋째, 체상용의 용用, 마음씀이 얼마나 아름다운가?
순수하면 아름답습니다. 순수하지 못하면 지저분할 뿐 아름답지 못해요. 극락세계를 정토세계淨土世界라고도 합니다. 이 정토세계의 정은 깨끗할 정淨입니다. 순수한 땅이 정토세계고, 거기가 바로 아름다운 극락세계입니다. 그래서 순수한 것과 아름다운 것은 맥이 같습니다. 불자라면 '나는 마음씀이 얼마나 아름다운가?' 늘 점검해야 합니다.

뉴욕 중심부 맨해튼에 32번가는 한국인들이 주로 많이 모여서 가게도 하고 또 여러 가지 노점 장사도 하는 코리아타운입니다. LA코리아타운은 무척 큰데 반해 뉴욕의 코리아타운은 그리 크지 않습니다. 그리고 이 거리 한 가운데에 '큰집'이라는 한국레스토랑이 있어요. 한번은 제가 누굴 만날 일이 있어서 우연찮게 그 식당에 갔습니다.
식당 큰집은 비빔밥도 팔고, 된장찌개도 팔고, 고기를 찾는 사람에게는 고기도 파는 곳입니다. 그런데 사람들이 얼마나 많은지 줄을 쭉 서서 기다리는 겁니다. 그 식당은 한 오십 명 정도 수용할 수 있는 규모였는데, 스물 네 시간 영업을 해요. 하루 세 끼 식사 때는 한 시간 이상 줄을 서서 기다려야 하고 식사 시간대가 아닐 때는 기다리는 사람 없이도 자리가 가득차 있는 그런 식당이에요.

마침 제가 갔을 때는 붐비는 시간이라 저도 한참을 기다렸다가 밥을 먹고 나오는데, 계산하려니까 "스님 밥값은 안 받습니다." 하는 겁니다. 저는 그 분이 주인 보살인지도 몰랐어요. 보살님이 워낙 검소한 모습으로 부엌에도 왔다 갔다 하고 직접 음식도 나르고 하니 주인인지도 몰랐던 것이지요.

"보살님, 왜 제 밥값은 안 받습니까?"

"스님 밥값은 안 받아도 먹고살 만합니다."

이렇게 말하는 것이었습니다. 그래서 저와 같이 식사한 사람이 자기 밥값만 치르고 나왔습니다.

그리고 나중에 누굴 만날 일이 있어서 또 그 식당에 갔습니다. 그 날도 그 보살님이 계셨는데 안면도 있고 하니 이런저런 얘기를 하고 나오려는데, 스님 가져가시라며 꾸러미 하나를 내밀어요. 아마 그전에 만났을 때 제가 빵 먹는 게 힘들다는 얘기를 이 주인 보살님이 옆에서 들었던지 유기농 채소, 김치, 된장 등 먹거리를 잔뜩 싸주셨던 겁니다. 그래서 마음으로 '세상에 이렇게 고마운 사람도 다 있다' 그런 생각을 하면서 신경 써서 챙겨 주신 것이라 받아 가지고 오게 되었지요.

그런데 그때 한 번이 아니라 그 식당에 갈 때마다 매번 공짜로 밥을 주시는 겁니다. 그러니 사실 가기도 좀 미안했는데 이 보살님이 눈치도 얼마나 빠른지, 세 번짼가 네 번짼가는 어느 학생을 만나러 그 식당에 갔는데 보살님이 선수 쳐서 오늘은 이 학생 밥값도 안 받겠다는 겁니다. 왜 그러냐고 하니, 오늘은 스님이 밥값 내실 것 같아서 그런다는 겁니다. 그래서 매번 그 식당의 보살님을 뵐 때마다 아직도 세상에 이렇게 순수한 사람이 있는가 하는 생각을 했었어요.

그리고 그 뒤로도 한 서너 번을 더 갔는데 갈 때마다 계속 뭘 챙겨주는 거예요. '한국 사람, 그것도 스님이신데 미국 음식이 안 맞아서 고생하시니 저라도 좀 챙겨드리고 싶다' 하시는 겁니다. 제가 뉴욕에 사는 사람도 아니고, 잠시 있다가 돌아갈 사람이라는 것을 그 보살도 알더라고요. 그러면 제가 그 식당의 단골이 되어 갈 사람도 아니라는 것을 뻔히 알 텐데, 그럼에도 챙기는 그 마음이 얼마나 순수합니까.

그래서 제가 귀국할 때쯤 인사하러 들렀습니다.

"며칠 후에 돌아갑니다. 제가 대구에 있는데 언제 한국 오시면 꼭 한번 대구 오세요. 제가 밥 한 그릇 공짜로 드리겠습니다."

"스님, 진짜 공짜로 주시지요?"

"네, 공짜로 드리겠습니다. 제가 이제까지 얻어먹었으니 아주 따뜻한 밥 꼭 드리겠습니다."

손님 앞앞이 밥을 떠먹여 준다.
스님이 들어오면
돈 한 푼 안 받고
더 큰 숟가락으로 떠먹여 준다.
경기 핑계 대고
다른 가게 텅텅 비어도
컬러풀한 온갖 나라 사람들이
스물네 시간 줄 서서 기다린다.

『미국에서 읊은 노래2』
32번가 한국레스토랑 큰집, 無一 우학

   이 시는 보살님의 그 마음이 너무 고마워서 쓴 것입니다. 손님 앞앞이 밥을 떠먹여 준다는 건 손님이 비빔밥을 주문하면 직원이고 그 보살님이고 직접 나와서 참기름 넣고 맛있게 밥을 비벼줘요. 그 보살님은 누구를 대하든지 간에 그렇게 대하는 겁니다. 한국인보다 훨씬 많은 손님이 외국인이었는데 주인 보살님이 이렇게 친절하니 그 외국인들에게 한국인의 인상은 어떠했겠습니까. 이처럼 친절하면 득 되는 일이 참 많아요.

   지금까지 체상용體相用을 통해 어떻게 마음을 잘 쓸 것인가 살펴보았습니다. 이 이야기를 흘려듣지 마시고 점수를 한번 매겨보세요.

체體 내 마음 바탕이 얼마나 주인다운가, 주체적인가는 50점, 상相 마음 모양이 얼마나 편안한가는 30점, 용用 내 마음씀이 얼마나 아름다운가는 20점입니다. 이렇게 '내 마음의 수양 척도'를 점검하여 현재 내 마음의 수양 척도를 정확하게 보십시오. 이렇게 스스로 점검해서 부족한 부분이 있다면 그 부분을 채워가는 게 기도요, 수행인 것입니다.

極小同大극소동대　忘絶境界망절경계
지극히 작은 것이 큰 것과 같아서 상대적인 경계 모두 끊어지니라.

상대적인 경계가 모두 끊어졌다, 이 말은 상대적인 경계가 다 허물어졌다는 말입니다. 짧은 문장이지만 여기에는 많은 의미가 함축되어 있습니다. 이 함축된 의미를 세 가지로 나누어 살펴보겠습니다.

첫째, 내 자신이 고성능 칩입니다.

내 자신이 고성능 칩이라는 것은 내 자신이 비록 작은 것 같지만 세상의 온갖 것을 다 담고 있다, 이 말입니다. 과거 현재 미래의 모든 세월을 담고 있고, 과거세 수억 겁 세월 이전 것도 내가 다 담고 있어요. 그리고 온 우주 공간에 있는 모든 것을 내가 다 담고 있습니다. 저 별빛도 저 달빛까지도 내가 다 담고 있어요. 그러니 내 자신이 고성능 칩인 것이지요.

겨자씨가 수미산을 삼킨다는 말이 있습니다. 잔디씨보다도 더 작은 겨자씨 안에 수미산이 들어가 있다, 조그만 좁쌀 속에 시방세계가 들어가 있다는 겁니다. 극소동대, 지극히 작은 것이 큰 것과 같다고 하였습니다.

『법성게』에서는 그것을 '일미진중함시방—微塵中含十方'이라 하였습니다. 일미진이라 하는 말은 작은 티끌을 말합니다. 하나의 작은 티끌 가운데 시방세계를 머금었다, 작은 티끌 속에 시방세계가 다 들어가 있다, 이 말입니다. 어떻게 이천 오백 년 전에 우리 부처님이 이런 말을 다 하셨는지 감탄하지 않을 수가 없어요.

이 말이 맞는가 가만히 생각해 보세요. 현대에서는 피 한 방울이면 그 사람의 모든 질병을 다 알아냅니다. 일미진중함시방, 맞지요? 머리카락 하나에도 손톱 하나에도 그 사람이 온전히 들어가 있습니다. 바로 일미진중함시방, 맞지요? 컴퓨터를 켜고 인터넷을 보세요. 그 안에 온 시방세계가 다 들어있습니다. 그러니까 이것도 일미진중함시방 또는 극소동대, 지극히 작은 것이 큰 것과 같다, 맞습니다.

2003년 대구 지하철 사고 피해자를 추모하기 위해서 그해 시민회관에서 '금강경 칸타타' 공연을 하였었습니다. 그 금강경 칸타타의 제5장에 '조개 속에 진주 구슬이 온 우주를 머금었네' 하는 대목이 나옵니다. 이 금강경 칸타타는 94년 무렵에 쓴 것으로 '금강경 약찬게' 라는 이름으로 『금강경 핵심강의』 제일 앞에 수록되어 있습니다.

> 눈을 뜨세, 눈을 뜨세, 꿈인가 그림자인가
> 소리 모양 속지 말고 참마음 지켜나가세.
> 참마음은 본래로 먼지 앉고 때묻지 않아
> 조개 속의 진주 구슬 온 우주를 머금었네.
> 　　　　　　　　『금강경 핵심강의』 無一 우학

진주 구슬이 온 우주를 머금었네, 극소동대의 이치입니다.

둘째, 작다고 무시될 것이 없습니다.
열 살짜리 인생이나 백 살 되는 어르신의 인생이 같겠습니까?

다르겠습니까? 인생이라고 하는 점에서는 같습니다. 부처님의 안목으로는 참새의 생명이나 사람의 생명이나 같겠습니까? 다르겠습니까? 같습니다. 다를 이유가 없어요. 생명이라 하는 데서는 똑같아요.

여기 대구큰절에서 칠곡도량의 저 운암지까지 걸어간다고 합시다. 그러면 대구큰절 앞에서 내딛는 첫걸음이나 중간쯤 갔을 때의 그 걸음이나 운암지 앞에서의 마지막 걸음이 다르냐 하면 그 중요도에 있어서는 똑같습니다. 첫걸음도 중요하고 중간 걸음도 중요하고 마지막 걸음도 중요합니다. 어느 한 걸음도 중요하지 않은 걸음이 없지요.

아이들 발원이나 고승들의 발원이 다르지 않습니다. 아이들의 발원은 무엇이겠습니까? 부모님 건강하고 자기 공부 잘하게 해달라는 것이겠지요. 그리고 고승들의 발원이라 하면 일체 중생이 다 성불하고 이 세상이 불국토가 되었으면 좋겠다는 것일 텐데, 거창한 것 같지만 아이들의 발원이나 고승의 발원이나 다 똑같습니다. 작다고 무시되는 것은 없다, 지극히 작은 것이 큰 것과 같다 이 말입니다.

셋째, 극히 작아지면 즉 무아가 되면 모든 것을 갖는 것과 같습니다.

우리가 궁극적으로 지향하는 것이 무아입니다. 나라고 할 만한 내 자신을 내세우지 않고 분별심이 없어진 그 자리지요. 무아가 되면 대아가 되는데 바로 이 대아의 자리가 모든 것을 갖는 자리입니다. 대아는 큰 자기 즉 부처님이지요. 무아가 되어야, 지극히 작아져야, 대아가 되는 것이지요. 겸손하고 극히 낮아지고 분별심이 없어지면 차별 경계가 없어져요. 그래서 분별하지 않으면 작은 것이 작은 것이 아니게 돼요.

無一物中無盡藏 무일물중무진장
有花有月有樓台 유화유월유루대
한 물건도 없는 가운데 엄청나게 많으니
꽃도 있고 달도 있고 누각도 있다.

한 물건도 없는 가운데 엄청나게 많으니 꽃도 있고 달도 있고 누각도 있다, 이런 것은 부처님 세계에서만 나타납니다. 부처님은 이미 무아의 상태에서 대아가 되신 분이기 때문에, 초탈하신 분이기 때문에 한 물건도 없어요. 그렇지마는 모든 것을 다 가지고 계시는 분이 부처님이라 거기에는 꽃도 있고 달도 있고 누각도 있지요. 그래서 완전히 무아가 되면 세상 모든 것이 다 자기 것이라는 얘기를 하고 있는 겁니다.

극소동대 망절경계, 지극히 작은 것이 큰 것과 같아서 상대적인 경계가 모두 다 허물어졌다고 함에는 바로 이런 의미가 함축되어 있습니다.

34

지극히 큰 것은 작은 것과 같아서
그 끝과 겉을 볼 수 없음이라.
있음이 곧 없음이요 없음이 곧 있음이라.

極大同小극대동소하여 **不見邊表**불견변표라
有卽是無유즉시무요 **無卽是有**무즉시유니라

 極大同小극대동소 不見邊表불견변표
지극히 큰 것은 작은 것과 같아서 그 끝과 겉을 볼 수 없음이라.

불견변표, 그 끝과 겉을 볼 수 없다는 말에는 망절경계忘絶境界처럼 경계가 허물어졌다는 의미가 포함되어 있습니다. 이외에도 극대동소 불견변표에는 한 서너 가지 뜻이 더 있는데 자세히 살펴보면 다음과 같습니다.

첫 번째, 극대동소 불견변표는 '전체 환경이 나를 결정한다'

는 의미가 있습니다. 즉, 이 말은 우리가 어떤 무리 속에 속하느냐가 아주 중요하다는 뜻입니다.

제가 미국 뉴욕도량이나 호주 시드니도량 등 해외 도량을 방문할 때 우리나라 항공사인 대한항공이나 아시아나항공을 타보고 느꼈던 것이 승무원들이 참 친절하다는 점이었습니다. 용모도 단정한데다가 또 항상 웃어요. 그리고 언제 무엇을 달라고 하건 간에, 그저 찬물 한 잔이라도 정말 성심성의껏 웃으면서 가져다줘요. 제가 한번은 비행기 안에서 카메라 뚜껑을 잃어버렸는데 온 바닥을 기어 다니면서 끝끝내 그걸 찾아 주었습니다. 승객의 일을 자신의 일처럼, 대단하지요!

그러나 미국에서 비행기를 타보고 알게 된 것은 승무원이 다 친절한 것은 아니라는 것이었습니다. 뉴욕도량에 있을 때, 보스턴에 있는 문수사에 법회가 있어서 미국의 아메리칸 에어라인을 탔습니다. 마침 그 비행기에는 한국인 승무원도 있었습니다. 그런데 미국 비행기의 승무원들은 대개 아주 불친절해요. 어떤 때는 아주 기분이 나빠질 정도인데, 그래도 한국인 승무원은 우리나라의 대한항공이나 아시아나항공의 승무원처럼 친절할 것이라 생각했습니다. 그러나 전체적으로 불친절한 분위기 때문인지 아메리칸 에어라인의 한국인 승무원도 불친절하기는 마찬가지였습니다.

그래서 '아! 어떤 무리 속에 속하느냐가 참 중요하구나!' 하고 느꼈지요.

이와 같이 우리가 어떤 사람을 알고 싶으면 그 가족 구성원을 보면 되지요. 그 불교대학의 분위기를 보면 그 사람을 알 수가 있어요. 그 사람의 종교가 기독교인가, 불교인가에 따라서 그 사람의 성향은 완전히 달라져 버립니다. 어떤 성격의 모임에 나가느냐에 따라서 그 사람이 달라져 버려요. 이처럼 전체 환경이 나를 결정합니다. 그래서 가능하면 건전한 목적을 가진 모임에 나가는 게 좋지요.

두 번째, 극대동소 불견변표는 '마음이 곧 물질이다' 하는 의미가 있습니다.

지극히 큰 것은 곧 마음이요 마음이 곧 물질입니다. 이것을 『반야심경』에서는 공즉시색空卽是色이라 하였습니다.

요즘은 뇌신경학이 많이 발달하였습니다만, 한 사오십 년 전만 하더라도 뇌신경이나 뇌의 구조가 변하지 않고 고정되어 있다는 게 정설이었어요. 그러한 가설을 바탕으로 한 논문 등이 노벨상을 받기도 했습니다. 그러나 지금은 그 학설들이 모두 뒤집혔습니다.

특히 미국에서 뇌의 변화 가능성 즉 뇌의 가소성에 대한 연구가 활발히 이루어지고 있는데, 달라이라마 스님이 이 연구에 대한 지원을 많이 한다고 합니다. 왜냐하면 뇌에 대한 연구가 결국 행복을 위한 것이고, 불교도 결국 행복을 얘기하고 있기 때문입니다. 이 행복이라고 하는 공동 주제 때문에 달라이라마 스님께서 뇌 연구에 많은 후원과 협력을 하고 있습니다. 특히 명상을 통해서 라마승들의 뇌가 어떻게 변하는지 살펴볼 수 있게 직접 실험에도 참여시키고 있다고 해요. 이렇게 뇌가 마음과 어떤 교감이 이루어지느냐 하는 것은 대단한 연구 과제입니다.

우리가 업을 지으면서 살아가는 것을 업의 활동이라고 합니다. 우리에게 몸뚱이가 있는 이상 반드시 몸뚱이를 통해서 업이 나타납니다. 왜냐하면 아뢰야식阿賴耶識이라고 하는 식이 우리 몸에 붙어 있기 때문입니다. 결국 이 식은 우리 뇌에 있어요. 그래서 몸뚱이가 있는 이상 식과 몸은 밀접한 관계가 있는 겁니다.

우리가 마음을 아주 순수하게 쓰고, 수행을 통해서 마음 닦음이 이루어지면 업장이 녹는다고 하지 않습니까? 업장이 녹으면 신체 전체에 영향을 미칩니다. 그래서 기도를 많이 했더니 내 몸의 병이 나았다 하는 것은 당연한 일이지요. 이뿐만 아니라 열심히 기도하고 수행정진했더니 사업이 잘 풀린다, 즉 물질까지도 끌고 오는 힘이 생긴다는 말입니다. 이렇게 정신적인 에너지도 대단합니다.

한경혜라는 아가씨는 태어날 때부터 뇌성마비 환자입니다. 뇌성마비는 뇌에 문제가 생긴 것이라 거의 고치기 힘듭니다. 그러니 그녀의 어머니는 얼마나 마음이 아프고 얼마나 답답했겠습니까. 그래서 아이가 일곱 살 때 아이를 업고 성철 스님을 찾아갔습니다. 성철 스님은 삼천배를 해야 만나주기로 유명한 분이지요. 이 모녀도 사흘 동안 삼천배를 한 후에야 성철 스님을 뵐 수 있었는데, 성철 스님은 고통스러워 죽겠다는 아이에게 '오래 살아라, 대신 매일 천배를 꼭 하거라!' 하고 숙제를 주셨다고 해요.

그래서 그때부터 매일 천배를 하고부터 어느 순간 뇌성마비도 낫기 시작했어요. 거의 완쾌가 된 지금까지도 매일 천배를 하고 삼천배 백일기도는 셀 수도 없이 많이 하고, 하루 만배 백일기도는 무려 세 번이나 회향했다고 해요. 그래서 한번은 자기 체력이 얼마나 되는지 테스트도 해 볼 겸 언니와 함께 히말라야 트레킹을 했는데 몸이 성한 언니는 중도에 포기하였지만 이 한경혜 법우는 산을 완전히 정복했다는 겁니다.

이와 같이 어떤 수행이든지 열심히 수행하고 마음을 좋은 쪽으로 쓰면 이것이 물질로 이루어진 내 몸에 영향을 미쳐서 몸의 어떠한 병도 다 낫게 할 수 있습니다.

모든 병이 다 마음으로 인해서 일어납니다. 현대인 대부분의 병을 심인성질환이라고 말하는데 마음이나 정신에 병의 원인이 있는 것을 말합니다. 그것을 거꾸로 생각해 보면 내 마음만 잘 쓰면 내 몸의 온갖 병을 치료할 수 있다는 얘기가 됩니다. 그래서 우리가 수행과 기도하는 이것이 얼마나 중요한가를 또 생각하게 되는 겁니다.

마음이 곧 물질이다, 여기에는 이런 의미가 있는 것입니다.

세 번째, 극대동소 불견변표는 '아주 큰 사람은 이웃과 함께 한다'는 의미를 포함하고 있습니다.

이웃과 함께 한다, 아주 큰 사람은 작은 것도 잘 챙긴다는 말입니다. 이 말 속에는 보살행을 하는 것, 중생의 마음을 헤아리는 것, 한없이 자비로워지는 것, 이웃을 위해서 부처님 법을 전하는 것 등 이 모두가 포함됩니다.

이런 큰 사람은 보통의 범부가 되고 싶다고 해서 그냥 큰 사람이 되지는 않아요. 이것은 완전히 심신을 뒤바꾸는 종교적 충격이 있어야 가능합니다.

LA에서 한 치과 의사를 만났는데, 그 분에 대한 이야기입니다.

이 의사는 초등학교 2학년 때 부모님과 미국으로 이민을 갔습니다. 이민 가는 대부분의 사람들이 한국에서 살기 너무 힘드니까 미국에 가면 좀 나을까 싶어서 간 것이지요. 이 의사의 부모도 그런 이유로 이민을 갔다고 합니다.

그러나 이민 가서도 아주 힘들게 고생고생하며 아이를 키웠는데, 고등학교 2학년 때 무슨 일로 아버지에게 심하게 대든 일이 생겼습니다. 아버지가 생각해 보니 기가 차지요. 그 당시만 해도 한국에서는 아이가 아버지에게 대든다는 것은 있을 수가 없는 일이었어요. 미국은 질서가 없어서인지, 그냥 언어 때문인지 나중에는 아버지에게 'You, You' 하면서 막 대들자 아버지가 너무 기가 찬 나머지, 뺨을 한 대 때려버렸어요. 고등학생이었던 이 의사는 아버지에게, "아버지 여기는 미국입니다." 하고는 그대로 경찰에 신고를 해 버렸어요.

결국 아버지가 근 한 달을 유치장에서 보냈지요. 그때 아버지의 마음이 어땠겠습니까? '이놈의 자식 나가기만 나가면 가만히 안둘 거다!' 하고 피가 거꾸로 솟는 겁니다. 자식 공부시키려고 그 애를 쓰면서 지금까지 고생고생하며 살아왔는데 아비를 경찰에 신고해 유치장 생활을 하게 했다고 생각해 보세요. 자식 가진 부모들이라면 그런 상황에서 그냥 가만히 있을 수 있겠어요?

그 아버지 또한 그런 생각으로 가득 찼어요. 얼마나 기가 찬 일입니까? 그런데 유치장을 나와 집에 있는 아들을 보고 눈을 부라리니까 미국식으로 먹고 자라서 덩치가 커다란 아들이 아버지를 위에서 내려다보면서 또 신고할 듯이 전화기를 쳐다보는 겁니다. 속은 뒤집어지는데 손찌검도 못하고 고함도 못 질러요. 그야말로 환장할 노릇이지요.

한편 이 의사의 아버지 고향은 전라도인데, 고향에는 아버지의 부모님이 살아 계셨어요. 그러니까 이 의사의 할아버지 되지요. 아주 뼈대 있고 유교적 전통을 가진 집안이라는 자부심이 있던 아버지는 어쩌다가 미국까지 와서 이런 일을 겪는지 한탄하며 고향에 계신 아버지에게 전화를 했어요.

"아버지, 못살겠습니다. 이놈을 어떻게 해야겠습니까?"

"그래, 그러면 방학 때 한국에 보내 거라."

그래서 아버지는 모든 감정을 억누르고 아들을 살살 달랬습니다. 그리고 할아버지도 전화해서 손자더러 보고 싶으니 방학 때 꼭 오라고 당부하고, 아버지도 '할아버지가 오라하시는데 꼭 가봐야지' 하자 어쩔 수 없이 한국으로 가기로 했어요.

그리고 드디어 한국에 도착했어요. 지금이야 인천국제공항이지만 그 당시에는 김포공항이었는데, 김포공항의 트랩을 내려오자마자 아버지는 아들의 멱살을 딱 잡고 바로 화장실로 끌고 갔어요. 이제 한국 땅에 왔잖아요. 그래서 문을 잠가 놓고 거기서 실컷 두들겨 패 버렸어요. 그래도 자기 아버지를 때리면 안 된다는 걸 알았는지 아버지가 때리는 대로 그냥 얻어터지고, 코피 터지고 하면서 고함만 질렀다고 해요. 그때 화장실 밖에 있던 사람이 경찰을 불렀어요. 경찰이 와서 또 잡혀갔어요.

"관계가 어떻게 됩니까?"

"제 아들입니다."

"아무리 아들이라도 이렇게 때려서야 되겠습니까?"

하지만 아버지가 그동안의 자초지종을 다 말하자 경찰도 화가 난다며 좀 더 때리라는 겁니다.

그 길로 병원 갈 것도 없이 차를 태워 바로 전라도 고향까지 말 그대로 압송해버렸어요. 그리고 아버지는 미국으로 돌아가고 아들만 남아서 집안에 거의 감금당하다시피 있게 되었습니다.

이제 할아버지에게 맡겨진 이 아들은 매일 무릎 꿇고 앉아서 하루 여섯 시간에서 열 시간 동안 정신교육을 받는 겁니다. 아침 먹고 두세 시간, 점심 먹고 또 두세 시간, 저녁 먹고 두세 시간을 할아버지가 '공자 왈, 맹자 왈' 하시면서 정신교육을 시키시는데 한, 두 달은 어찌어찌 견뎠다고 해요. 그러다 도저히 못 견디겠어서 할아버지 몰래 아버지에게 전화해서 다시는 대들지 않고 착한

아들 될 테니 데려가 달라고 아버지에게 사정사정 한 겁니다.

그래도 아버지는 흔들리지 않고 '아직 멀었다' 하시면서 육 개월 동안 한국에 그대로 두었습니다. 결국 수백 통의 전화를 받은 뒤 아들을 미국으로 불러들였죠.

마침내 미국으로 돌아간 이 의사는 그 뒤로 완전히 다른 사람이 되었습니다. 완전히 한국인으로 변한 거죠. 그리고 정말 착한 사람이 되고 열심히 공부해서 치과 의사가 된 것입니다. 그리고 치과 의사가 된 후에는 자기 아버지 연세 이상 되는 사람은 무조건 공짜 치료를 해 준다는 겁니다. 그뿐만 아니라 한인 단체에서 자선사업이 있다 하면 무조건 협조하고 좋은 일이다 싶으면 적극적으로 나선다고 합니다. 그래서 이 치과 의사가 그곳에서는 아주 유명합니다.

이 의사가 자신의 아버지에 대해 이렇게 말했습니다.

"이 세상에서 제일 무서운 사람이 아버지입니다. 그리고 이 세상에서 가장 존경하는 분도 아버지입니다. 제가 완전히 다른 사람이 되도록 고쳐 주셨으니까요."

이처럼 아주 큰 사람 이면에는 이와 같은 역경이 있었고 또 다들 이겨냈어요. 그리고 아주 큰 사람은 반드시 이웃과 함께 합니다. 저절로 보살행을 하게 되어 있어요.

또 큰 사람은 오히려 작은 사람이 돼요. 큰스님들을 보면 꼭 순진무구한 어린애 같아요. 오히려 어정쩡한 사람이 어깨에 힘주고 목에 힘주고 다니지요.

大聖本來無出沒 대성본래무출몰
爲群生剿絕攀緣 위군생초절반연
큰 성인은 본래부터 나고 죽음 없으나
중생을 위하여 여러 모습 보이느니라.

큰 사람 즉, 부처님 마음이 되면 중생 마음속에 들어 가버립니다. 그렇게 되면 한없이 자비로워진다 했습니다. 원수를 용서하고 나중에는 아예 원수라는 말도 잊어버린다 했습니다.
부처님 같은 분은 원수를 어떻게 보는가? 『원각경』에 이르시기를, '관피원가觀彼怨家 여기부모如己父母라, 저 원수를 보되 내 부모와 같이 하라' 라고 말씀하셨습니다.

다음은 당나라 때 의정이라는 스님이 인도에서 25년 동안 지내면서 보고 들은 것을 기록한 『남해기귀전』에 나오는 말씀입니다.

"베푼 은혜 천지보다 깊어도 그것을 배신하고 깊은 원수 맺는다. 부처님은 그 원수를 가장 큰 은혜로운 이로 본다. 원수는 부처님을 해롭게 해도 부처님은 원수를 잘 모신다. 상대는 부처님 허물만 보는데 부처님은 그를 은혜로 갚는다."

상대는 부처님 허물만 보는데 부처님은 그를 은혜로 갚는다, 아주 멋있는 말입니다. 바로 아주 큰 사람은 이렇게 살아간다는 말입니다. 또 부처님은 절대 원수를 두지 않는다 했습니다. 저 쪽에서 고함지른다 해서 이쪽에서도 고함지르고, 저쪽에서 주먹질한다 해서 이쪽에서도 주먹질하고, 저쪽에서 불지른다 해서 이쪽에서도 불질러 봐요. 그것은 결국 자신도 불에 타죽을 뿐입니다.

탐진치 삼독의 불을 끄는 데는 자비의 물밖에 없습니다. 자비의 물로써 그 끓는 분노의 불을 꺼뜨리는 이것이 이기는 방법이지요. 그래서 부처님께서는 원수를 부모처럼 섬기라고 말씀하신 겁니다.

네 번째, '반드시 정법, 부처님 법을 펴려고 애쓰는 사람이 큰 사람이다' 하는 것입니다.

부처님 법을 펴려고 애를 쓴다, 이는 포교를 말합니다. 대구 경북에서 지난 6년 동안 불자가 6%로 늘었다는 기사를 본 적이 있습니다. 참 반가운 이야기입니다. 상당 부분 우리 한국불교대학의 포교가 큰 역할을 하지 않았을까 생각해요.

포교는 '여기서 시작하라. 여기서 출발하라. 어디든지 가라, 포교를 위해서!' 즉, 언제 어디든지 가서 포교를 해야 한다는 말입니다.

有卽是無유즉시무 無卽是有무즉시유
있음이 곧 없음이요 없음이 곧 있음이라.

우리가 불교 공부를 할 때는 첫째 현상적인 고찰, 둘째 마음적인 고찰, 셋째 생활적인 고찰을 반드시 해야 합니다. 현상적인 고찰이라 하는 것은 앞에서 공부한 바 있는 '체상용體相用'의 '상相'에 해당하고, 마음적인 고찰은 '체體'에, 생활적인 고찰은 '용用'에 해당됩니다. 그래서 현상적인 고찰은 사적事的인 고찰이요, 마음적인 고찰은 이적理的인 고찰, 생활적인 고찰은 활적인 즉 실용적實用的인 고찰입니다.

그러므로 유즉시무 무즉시유, 이 한 문장을 공부함에 있어 위의 세 가지 측면에서 그 의미를 짚어 보겠습니다.

있는 것이 없는 것이고, 없는 것이 있는 것이다? 있으면 있고 없으면 없는 것이지 무슨 귀신 씨나락 까먹는 얘기인가 싶지요? 말이 어려워요. 하지만 가만히 사유해 보면 유즉시무 무즉시유, 대단한 철학이 담겨 있습니다.

첫 번째, '삶은 우리 스스로에게 달렸다' 하는 것을 의미합니다.

대승불교 철학의 가장 핵심은 '공'인데, 공 가운데에는 있는 것이나 없는 것이나 마찬가지라는 말입니다. 현대 물리학적의 관점으로 보면 우리가 지금 있다, 내 몸이 있다, 물체가 있다고 하는 게 맞는 말입니다. 그러나 깊이 뚫고 들어가 보면 사실 아무것도 없어요. 그야말로 허공입니다.

눈앞에 있는 컵과 같은 물건을 자세히 분석해 보면 분자, 원자, 그리고 소립자로 세분화됩니다. 그리고 양성자, 중성자, 전자의 소립자가 나타나고, 그 소립자도 분해하고 분해하면 쿼크라고 하는 최소 단위가 나타납니다. 그리고 쿼크는 서브쿼크로 변할 때쯤 되면 아무것도 없어집니다. 빛을 내고 없어진다고 해요.

그래서 유즉시무 무즉시유, 있는 것이 없는 것이라는 거죠. 다만 인연이 잘 맞으니까, 인연의 화합으로, 인연의 모임체로 지금 있는 것처럼 보이는 겁니다. 인연의 모임체가 곧 실체처럼 보인다는 말입니다.

자동차라는 것을 보아도 그러합니다. 자동차는 원래 자동차가 아니라 수만 개의 부품으로 이루어져 있습니다. 부속 하나 하나가 모여서 자동차가 되었을 뿐입니다. 그 부속품을 분해하고 분해되면 결국 자동차는 없어져요. 그러므로 부품끼리 모이면 없던 것이 생겨나고, 흩어지고 있던 것도 없어지지요.

한국불교대학도 마찬가지입니다. 한국불교대학 大관음사가 있는 것처럼 보이지만 사실 들여다보면 한국불교대학 大관음사라고 하는 실체는 없어요. 옥불보전이다, 대웅전이다 하는 건물이 있고, 신도님들이 있고, 스님들이 있고, 또 많은 단체들이 있고, 많은 봉사 요원들이 있어서 실지로 있는 것처럼 보이지만 분리해 보면 사실은 아무것도 없습니다. 그저 인연의 모임체라는 말입니다.

가정도 마찬가지지요. 내 가정이라는 것이 있는 것처럼 보이지만 그것 또한 다 인연의 모임체이지 사실 실체는 없는 겁니다. 안으로 들여다보면 가정이라고 내놓을 만한 게 없어요. 인연의 모임체이기 때문에 가정이 해체되는 수도 더러 생기지요. 그러면 그 가정은 없는 것, 유즉시무가 되는 것입니다. 결혼하고 아이를 낳는 등 형성을 말할 때는 무즉시유, 형성된 것이 해체되는 것은 유즉시무라 할 수 있습니다.

그래서 유즉시무요, 무즉시유라고 하는 이것은 진리입니다. 그리고 진리, 지혜를 바로 보는 것을 반야라 하지요. 즉 진리를 볼 줄 아는 안목을 반야지혜라 한다, 이 말입니다. 있는 것이 곧 없음이요, 없는 것이 곧 있음을 아는 것, 바로 그것을 우리는 반야지혜라 그렇게 말하는 것입니다.

없는 것 같지만 인연이 모아지니까 생기지요. 이것처럼 우리가 없어지는 것도 진리지만, 생겨나는 것도 진리입니다. 포항도량이나 서울도량도 원래는 없었잖아요. 그런데 집을 만들고 거기에 스님들이 살고 신도들이 모이니까 있음이라고 하는 것이 나타나게 된 것이지요. 인연이 모여 '유'가 된 것입니다.

이렇게 '유'가 될 것인가, '무'가 될 것인가 하는 것은 우리 스스로에게 달려있는 것입니다. 가정을 유지한다, 한국불교대학을 유지한다거나 해체한다, 어느 쪽을 택하든지 간에 그 열쇠는 우리 스스로가 쥐고 있는 것이므로 '삶은 스스로에게 달렸다'고 말하는 것입니다.

두 번째, '부처님은 어디에나 계신다' 하는 의미가 담겨있습니다.

우리는 눈에 보이는 부처님 즉 만들어진 부처님을 불상佛像이라고 이름 합니다. 그리고 그 불상에 부처님의 원만상호가 있는 것이 사실입니다. 눈 어두운 우리 중생들은 눈으로 직접 봐야만 귀의하지요? 그래서 그 불상을 보면서 기도하고 수행도 합니다. 그러나 부처님의 모습이 불상에 있는 것도 틀림없지만 진정한 부처님은 불상 아닌 곳에도 항상 존재합니다. 즉 부처님은 '상'이라고 하는 '유'에도 계시지만 '상' 없는 '무'에도 계십니다. 어디에나 형상의 있고 없음을 초월하여 계십니다. 그러므로 있음이 곧 없음이요 없음이 곧 있음이라 하는 것이지요.

세 번째, '인격은 같다' 하는 의미가 담겨 있습니다.
사람들은 자꾸만 차별을 두지만 인격적인 면에서 보면 즉, '공'의 입장에서 보면 차별 둘 것이 없습니다. 그러니까 불성을 가진 모든 존재는 근본 바탕인 불성의 입장에서는 하나도 다른 바 없이 다 똑같습니다.
좀 더 가졌다 해서 떵떵거리고, 좀 덜 가졌다 해서 기가 죽어요. 그런데 사람이 가졌으면 얼마나 가졌겠습니까? 또 그것이 영원하기는 하느냐, 영원하지도 않아요. 가지고 있다가도 물거품처럼 흩어져 빈털터리가 되기도 합니다. 이것이 유즉시무의 경우가 되겠지요. 그러므로 가졌다고 떵떵거릴 이유가 없습니다.
그와 반대로 오늘 가진 것이 아무것도 없다고 해서 내일도 없으리라는 법은 없습니다. 그래서 오늘 조금 없다고 기가 죽을 이유도 없습니다. 그러니까 무즉시유가 되는 겁니다.

사실 이러한 있고 없고가 인격적인 면에서, 불성적인 입장에서는 모두 같습니다. 그렇기 때문에 우리는 유에도 집착하지 말아야 되고, 무에도 집착하지 말아야지요. 그리고 이렇게 관하는 것을 '중도관' 이라 말합니다. 있다고 하는 것에도 초연하고 없다고 하는 것에도 초연하다는 것, 즉 유에도 집착하지 않고 무에도 집착하지 않는 중도관적 입장에서의 삶을 중도적 삶이라 하고, 그 중도적 삶이 공의 입장에서는 딱 맞는 말입니다.

그래서 우리는 유무에 걸림이 없어야 합니다. 유에 대한 편견 없고 무에 대한 편견 없는 사람, 그 사람이 정신이 반듯한 사람입니다. 그런데 그것이 쉽게는 안돼요. 사람은 저 사람이 가진게 좀 있다 싶으면 그쪽으로 마음이 쏠리고 없으면 무시하기 쉽기 때문입니다. 사실 마음수행이 되지 않으면 그 어떤 사람도 유에 집착하고 무에 집착하게 돼 있어요. 그래서 수행이 필요한데, 수행을 통해 무명이 걷히고 지혜로워져야 유무에 걸림 없는 사람이 되는 겁니다.

"나는 별로 하는 것도 없이 절에 갔다 왔다 합니다."

부처님 한 번 뵙는 것만 해도 큰 수행입니다. 절에 한 번 오는 것도, 부처님을 그냥 슬쩍 한 번 보고 가는 것도 수행인 것입니다. 물론 절에 와서 예불 드리고, 다라니라도 좀 외우고, 참선도 하고,

봉사도 한다면 더 말할 것도 없지요.

아무튼 수행이 되어야지 있어도 그 자리이고, 없어도 그 자리이고 늘 그 자리에 있는 사람이 되어 유무에 걸림 없게 됩니다. 유즉시무 무즉시유, 궁극적으로는 다 같은 자리에 있다는 것을 나타내고 있습니다.

네 번째, '영육이 하나다' 이런 의미를 가지고 있습니다.

영육의 측면에서 유는 육체를 말하고 무는 마음을 말합니다. 유, 있음이라 하는 것은 육체, 존재하는 나, 육신이지요. 그러나 이것은 결국 무, 마음의 흔적입니다. 또 육체로 인해서 마음에 잔상이 생기는 수가 있어요. 그러니 육체와 마음은 결국 하나인 것입니다.

그래서 모습, 모양, 육체가 다 마음입니다. 이렇게 무인 마음은 모양이나 육체와 달리 눈에 보이지 않아요. 하지만 온갖 것들을 돌아다니게 하고, 에너지를 샘솟게 하는 알 수 없는 그 무엇, 그게 마음이거든요. 그래서 아무것도 없는 무가 마음이라 하지만 이 마음에 따라서 유라는 육체가 나타납니다. 마음이 불편하면 얼굴이 안 좋아지고, 스트레스를 받아서 병이 됩니다. 이처럼 마음과 육체는 불가분의 관계에 있어요. 그래서 없음이 곧 있는 것, 무즉시유가 되는 것이지요.

반면 있음이 곧 없는 것인 유즉시무는 물질이 곧 마음이라는 말입니다. 이것은 또 무슨 말이겠습니까? 규칙적으로 운동하고 섭생을 잘해서 건강하고 컨디션이 좋으면 내 마음이 튼튼해집니다. 그래서 자기 육신을 잘 가꾸는 일인 동시에 자기 마음 건강을 잘 가꾸는 일도 돼요.

바로 이런 뜻입니다. 그래서 육체가 곧 마음이요, 마음이 곧 육체라는 말은 영육이 하나라는 의미를 담고 있습니다.

다섯 번째, 유즉시무 무즉시유는 '마음과보'의 의미를 나타냅니다.

마음과보 즉, 무심의 과보는 선과를 부르고 유심의 과보는 악과를 부른다, 이렇게도 볼 수 있습니다.

옛날 부처님 계시던 당시에 거미 한 마리가 하얀 실을 뽑아서 지옥까지 줄을 늘어뜨렸습니다. 그 지옥에는 업 많은 중생들이 피로 가득한 늪에서 허덕이고 있었습니다. 이 피의 늪에서 고통으로 몸부림치고 있는 지옥 중생들 사이에서 시커멓고 몸집이 큰 '건타타'라고 하는 한 존재가 우연히 거미의 그 하얀 실을 보게 되었습니다. 그런데 극락에서 내려온 것 같은 그 하얀 실이 자기 앞까지 내려오는 것이었습니다. 그래서 본능적으로 그 실을 잡고 기어올라가기 시작했습니다.

한참을 올라가다가 '이제는 지옥에서 벗어났겠지?' 하고 아래를 내려다보았습니다. 그런데 어떻게 알았는지 무수히 많은 다른 지옥 중생들도 그 거미줄에 붙어서 같이 따라 올라오고 있는 겁니다. 그 모습을 보고 있자니 마치 거미줄이 끊어질 것 같아서 아래를 향해 고함을 쳤습니다.

"어떤 놈이 허락도 안 받고 지금 기어 올라오고 있느냐? 어서 손을 놓아라!"

이렇게 말 한다고 누가 손을 놓겠습니까? 더욱더 꼭 잡고 있을 뿐이지요. 그래서 건타타가 줄을 조금 흔들었어요. 그러자 기다렸다는 듯 줄이 톡 끊어져서 다시 피가 가득한 지옥의 늪으로 떨어져 버렸습니다.

그 모습을 본 부처님께서는 건타타가 어떻게 저 줄을 잡게 되었는지, 거미와 건타타는 어떤 인연 관계가 있었는지를 설명하시었습니다. 부처님께서 말씀하신 건타타와 거미의 인연 관계는 다음과 같습니다.

건타타가 사람이었을 때, 살인강도 짓을 많이 하였습니다. 그러나 흉악한 살인강도라 해도 사람 마음 가운데는 일말의 착한 마음이 있게 마련입니다. 우리는 그것을 자비심이라고 하지요. 자비심의 근본 에너지 바탕은 불성입니다. 모든 존재는 불성을 가지고 있어요. 이 불성에 바탕을 두고 자비심이 발현되지요. 건타타에게도 이러한 불성은 있었습니다.

어느 날 아침, 막 동이 틀 무렵 건타타가 길을 가고 있었는데 거미 한 마리가 좁을 골목길 한가운데에 있는 것을 보았습니다. 건타타는 본능적으로 거미를 밟지 않으려고 타 넘고 갔어요. 사람도 죽이는 사람이 거미 한 마리의 생명이 대수였겠습니까? 그런데 이 거미 한 마리를 보고 본능적으로 밟지 않으려고 했던 겁니다. 그 순간에는 거미도 생명이 있다는 생각을 한 것이지요. 그래서 밟지 않으려고 풀쩍 뛰어넘어서 갔는데 거미는 그 사실을 인식하지는 못했지만 가히 알 수 없는 그런 인연의 끈 때문에 건타타를 위해 지옥으로 실을 내려보낸 것입니다.

이처럼 인연 관계는 부지불식간에, 우리가 인식하거나 인식하지 못하는 사이에도 성립돼 있어요. 자신은 인식하지 못하였을지라도 원인을 주고 과보를 받고 그렇게 되어 있는 겁니다.

이 건타타가 거미를 풀쩍 뛰어넘을 때의 마음은 무심이었습니다. 사실 이런 무심의 과보가 아주 중요합니다. 무심의 과보는 선과를 부릅니다.

一念不生卽일념불생즉 佛地境불지경
한 생각 일으키지 않은즉, 바로 부처님의 경지다.

한 생각도 일으키지 않아야 합니다. 부처님의 경지라는 것은 보람있다는 말이기도 합니다. 한 생각도 일으키지 않아야 보람이 있다는 말은 무즉시유와 같은 의미입니다. '무즉, 없음이 곧' 이 말은 '일념불생즉, 한 생각 일으키지 않음'에 해당되고, '시유, 있음'은 '불지경, 부처님의 경지'가 됩니다. 그래서 한 생각도 일으키지 않았는데 이것이 보람 있는 일이 되었다고 하는 것입니다.

一念生時卽衆生일념생시즉중생
한 생각 일으키자 중생이로다.

또 건타타가 거미줄을 타고 올라갈 때 누가 따라오건 말건 그냥 올라가면 되었을텐데, 도중에 자기만 살겠다는 마음을 내었지요. 그게 바로 한 생각을 일으킨 겁니다. 그래서 유즉시무, 있음이 곧 없음이 되는 것입니다. 그래서 이 유즉시무의 유는 '유위심, 억지로 쓰는 마음'입니다.
유즉시무 무즉시유가 마음과보를 나타내는 이유가 바로 그런 것 때문입니다.

여섯 번째, '모든 존재는 늘 함께 있다' 는 것을 의미합니다.

송광사 선방이 도를 이루기에 좋다 해서 제가 통도사에서 그쪽으로 공부를 하러 갔는데, 그때 구산 방장 스님이 막 돌아가시고, 회광 승찬 일각 스님이 방장으로 오셨어요. 그 다음해에 기제사에서 일각 방장 스님께서 법문을 하시는데, 구산 방장 스님을 회고하면서 "구산 방장 스님께서 지금 안 계시지만 우리와 함께 있습니다." 하시는 겁니다.

지금은 안 계시지만 우리와 함께 있다, 무즉시유지요. 없는 것 같지만, 눈에 보이지는 않지만 지금 현재 계신다 이 말이지요. 부모님께서 돌아가시고 안 계시는 것 같지만 늘 함께 계시고, 자식을 앞세워 보냈지만 그 부모와 늘 함께 있습니다. 형상의 부처님이 현재 내 옆에 없는 것 같지만 진짜 부처님은 늘 나와 함께 계십니다. 무즉시유, 이 한 구절 속에는 이렇게 엄청난 철학이 있습니다.

또한 유즉시무, 같이 있지만 없다고 생각해야 바로 보는 겁니다. 지금은 자식과 함께 살고 있지만 언젠가는 떠나갈 인연입니다. 제 배우자를 만나서 제 가정을 가지게 되면 즉, 인연이 다해 떠날 인연이라고 생각해야 집착이 안 일어납니다. 그래야 없는 것이 곧 있는 것이요 있는 것이 곧 없는 것인 유즉시무가 되는 것이지요.

그건 어떤 누구와도 마찬가지입니다. 유즉시무 무즉시유의 마음으로 집착이 없어야 하는데 있다는 것에만 너무 집착하다 보면 병이 되고 맙니다. 그래서 옆에 있어도 없는 것이요, 없어도 있음을 보는 안목이 필요한 것입니다.

일곱 번째, '텅 비면 충만해진다.' 하는 의미가 있습니다.

마음은 원래 아무것도 없습니다. 마음은 본래 비어 있어요. 무, 없음이 그 속성입니다. 그렇기 때문에 마음은 비우면 비울수록 좋은 것입니다. 그래서 마음을 철저히 비우는 것, 이것이 바로 수행입니다. 그리고 수행을 통해 비우고 비워서 비워있음이 오히려 모든 현상들을 생성시키고 그 속에 또 다른 너그러움이 가득 담기게 되는 것입니다.

마음을 비운다는 것은 자기의식, 자아의식을 약화시키는 겁니다. 제 잘났다고 늘 큰소리치고 사람 만날 때마다 눈에 쌍심지를 켜고 싸우려고 덤비는 그런 사람이 마음을 비웠겠습니까? 그런 사람은 마음 가운데 아상, 인상, 중생상, 수자상의 상이 가득한 사람입니다.

이 마음을 비우고 무에 가까워지려면 수행을 통하지 않고는 가능하지 않아요. '마음 비워야지, 내 마음 가운데 상을 없애야지, 잘난 척 하지 말고 다른 사람하고 잘해야지…' 하는 것이 생각만으로는 어려워요. 결국 수행을 통하지 않고는 잘 되지 않습니다.

雖有多聞수유다문이나 若不修行약부수행이면
與不聞等여불문등이라 如人說食여인설식인댄
終不能飽종불능포라.
비록 내가 많이 들음이 있더라도 수행하지 아니하면,
마치 사람이 음식 먹는 걸 말하더라도
끝내 능히 배부를 수 없는 것과 같다.

『능엄경』에 나오는 말씀입니다. 우리가 아무리 맛난 음식 이야기를 하더라도 배부르지 않아요. 수행도 마찬가지입니다.

한국불교대학에 입학해서 경전 공부하는 것이 수행은 아닙니다. 공부는 공부일 뿐이지요. 그래서 절에서건 집에서건 직접 염불독송하고 사경하고 참선하고 또 예참하고 절을 해봐야 비로소 수행했다 할 수 있는 것입니다. 그리고 그렇게 직접 수행하는 것이 사람의 마음에 근본적으로 변화를 일으키고 마음을 비우게 합니다.

그래서 제 잘났다는 자의식이 스스로 자각되지 않을 정도는 돼야 마음이 텅 빈 상태가 된 것입니다. 텅 비면 오히려 충만해집니다. 법정 스님의 『텅 빈 충만』이란 책의 제목만 봐도 알 수 있어요. 제가 가끔 대나무를 치는데, 그 대나무를 보면 안이 텅 비어있어요. 대나무는 속이 비어 있기 때문에 대나무의 역할을 다하는 것입니다.

속이 텅 빈 대나무처럼 마음을 비워버리면 '나'라고 하는 것이 없기 때문에 오히려 우주와 하나가 됩니다. 바로 하나됨의 자리이기 때문에 저절로 자비행이 나오는 겁니다. 저 상대가 나와 다른 존재가 아니라 같은 존재이기 때문에, 하나이기 때문에 자비행이 나온다는 말입니다. 왼팔이 아프면 오른팔을 치료하는 것과 같습니다. 그게 바로 자리리타自利利他의 보살행입니다. 이처럼 자비행을 베푸는 사람은 마음이 비워졌기 때문에 무즉시유가 된 것입니다.

반면 탐진치 삼독심으로, 제 욕심으로 온갖 것을 채우려고 해도 그게 채워질까요? 채워지지 않을 뿐더러 오히려 나중에는 하나마저도 없어져 버려요. 마치 모래를 움켜잡으면 잡을수록 다 빠져나가고 나중에는 없는 것과 같은 그런 상태가 되는 것이지요. 그래서 자신의 마음을 상으로 가득 채우려고 하면 끝내 다 없어지는 유즉시무가 되는 것입니다.

마지막 여덟 번째, 앞의 일곱 가지 의미하는 바가 현재 우리에게는 어떻게 적용되어야 하겠습니까?

지금 한국불교대학 또는 한국 불교가 가진 가장 시급한 문제는 무엇인가, 바로 포교입니다. 이 포교라는 것은 결국 내 하기 나름입니다. 내가 또는 우리가 하기에 따라 한국불교대학의 미래가, 더 나아가 한국 불교의 미래가 달려있는 겁니다.

절이 잘되려면 일단 스님이 많아야 하겠지요? 현재 총무원 교육원에서는 스님 교육이 한창입니다. 그런데 교육받는 조계종의 스님들을 모두 합해도 겨우 백 명 안팎입니다. 그 말은 교구 본사 25개를 포함해서 일 년에 배출하는 스님이 백 명 안팎이라는 말입니다. 이 중에서 大관음사 스님이 열 명입니다. 그나마 다른 사찰에 비해서 大관음사 스님이 많은 편입니다. 스님들이 많아야 염불도 하고 사시예불도 하고 참선도 하고 천도재도 지내고 불교대학 공부도 시킬 수 있습니다.

물론 스님과 함께 신도도 있어야겠지요. 즉, 절 안의 모든 요소들이 잘 갖추어져야지 유지가 되는 것이지, 만약 이 요소들이 어느 한쪽이라도 빠져나가거나 삐걱하게 되면 인연의 화합체가 되지 않습니다. 그래서 지금의 한국불교대학 大관음사의 모든 도량과 모든 기관이 잘 유지되고 있는 것은 모든 요소들이 제 기능을 하고 있기 때문입니다.

왜 우리가 부처님 법을 포교하고 부처님 법을 알려야 하겠는가? 그 답을 부처님께서는 『잡아함경』의 전도선언에서 뚜렷하게 밝히고 있습니다.

"불자들아, 자 전도를 떠나라. 많은 사람들의 이익과 행복을 위하여. 나 또한 법을 설하기 위하여 우루벨라로 가리라."

포교는 왜 해야 하는가? 바로 그것이 많은 사람들의 이익과 행복을 위한 것이기 때문이지요. 불교는 행복의 종교입니다. 그런 행복의 종교를 나만 알아서야 하겠습니까! 또 우리절만 생각해서 포교한다고 엉뚱하게 좁은 생각을 가지고 계시는 분이 있어요. 좁게는 한국불교대학의 신입생이지만 이렇게 입학한 사람들이 불자가 되어 행복해지고, 더 나아가 한국불교를 발전시킬 인재들이기도 합니다. 이렇게 전체를 보는 안목과 포교에 대한 확신이 있어야 합니다.

삶이라 하는 것은 언제 어느 때에 어려움이 닥칠지 모릅니다. 삶이 어렵지 않은 사람 없어요. 그렇지만 정법을 만나서 공부하다 보니 그런 어려움이 예전보다는 훨씬 더 수월하게 지나가고, 또 지금 현재에 대해 감사하고 행복하다고 느낄 수 있었지요? 그러니 내가 그랬던 것처럼 다른 많은 사람들에게 이 행복의 맛을, 진정한 행복의 맛을 좀 소개해야 되지 않겠습니까? 이렇게 좋은 포교를 마다할 이유가 없습니다.

如龍得水여룡득수 似虎靠山사호고산
용이 물을 얻은 것 같고 호랑이가 고산에 있는 것 같다.

『벽암록』에 있는 구절입니다. 용은 물이 있어야 하고, 호랑이는 산이 있어야 합니다. 그래야 제 맛을 스스로 느끼면서 살 수 있어요. 여룡득수 사호고산의 용이 만나야 하는 물이 바로 한국불교대학이요 호랑이가 맘껏 거닐 수 있는 산이 바로 한국불교대학입니다.

For Public Good.
전체 행복을 위하여.

이 말은 유럽의 속담으로 이 속담의 유래가 된 배경은 11세기 영국입니다.
영국 어느 지역의 영주가 얼마나 악독했던지 세금을 너무 많이 거두는 바람에 백성들의 원성이 자자했습니다. 하지만 그 영주의 부인은 마음이 아주 착했던 모양입니다. 그래서 낮이고 밤이고 영주인 남편에게 제발 세금 좀 많이 거두지 마시라고 사정을 했어요. 그러나 영주는 부인이 아무리 얘기를 해도 말을 듣지 않았습니다. 그래도 계속 부인이 사정하자 귀찮은 나머지 영주가 아내에게 한 가지 제안을 합니다.

"좋소. 당신이 알몸으로 말을 타고 거리를 한 바퀴 돌고 오면 세금을 감해주겠소!"

영주는 절대 하지 못할 것이라 생각하여 이렇게 말을 했겠지요. 그러나 그 말을 들은 부인은 그렇게 하지 않으면 다른 방법이 없겠다고 생각했습니다. 그래서 마부를 시켜 말 한 마리를 끌고 와 속옷까지 다 벗고 거리를 한 바퀴 돌았어요.

이미 그 소문을 들은 시민들은 자신들을 위해서 알몸으로 말을 타고 거리에 나선 영주의 부인에게 얼마나 감동하고 고마워했겠어요. 이렇게 감동한 시민들이 어떻게 했겠어요? 부인의 알몸을 보았겠습니까?

하나같이 모두 고개를 숙이고 부인이 지나갈 동안 절대 머리를 들지 않았습니다. 그런데 단 한 사람만이 궁금증을 이기지 못하고 부인을 몰래 쳐다보았습니다. 그 순간 이 사람의 눈이 멀었다고 해요.

이 이야기 속에서 영주 부인의 행위는 바로 '모든 사람의 행복을 위해서'였던 겁니다. 여자로서 전체의 행복을 위해 알몸으로 거리에 나선다는 것은 보통의 용기로 할 수 있는 일이 아닙니다. 그것보다는 포교가 백 번, 천 번 쉽습니다.

포교는 불자佛子의 권리이자 의무입니다. 불자가 무엇입니까? 바로 부처님의 자식입니다. 그런 우리가 불자의 권리와 의무를 타성에 젖어 등한시해서는 안 되겠지요. 지금 우리 불자들이 가장 무서워 할 것이 있다면 바로 타성입니다.
어제 밥 남았으니 오늘은 남은 밥 먹으면 되겠지, 어제 먹던 김치 대충 꺼내먹으면 되겠지, 어제 남은 국 그냥 데워 먹으면 되겠지, 이런 타성이 얼마간은 괜찮을지 모르겠지만 결국 내 가족을 불행하게 합니다. 내 본분을 다하지 않아서 불행하게 된 것입니다.

유즉시무 무즉시유, 이 구절의 의미를 다시 새겨보면, 첫째 삶은 내 스스로에게 달려있다, 둘째 부처님은 어디에나 계신다, 셋째 인격은 같다, 넷째 영육이 결국 하나이다, 다섯째 마음과보, 여섯째 모든 존재는 늘 함께 있다, 일곱째 텅 비면 충만해진다, 여덟째 포교는 불자의 의무이다, 이렇게 정리할 수 있습니다.
우리는 매일매일을 새롭게 살아야 됩니다. 늘 처음처럼 기도

하고, 처음처럼 참선하고, 처음처럼 염불하고, 처음처럼 독송을 해야 합니다. 내 스스로에게 달려 있는 삶이, 마음을 비움으로 충만해지는 그때까지 늘 기도 정진하는 불자가 되시기 바랍니다.

無修不證

닦지 않으면 증득할 수 없다

35

만약 이 같지 않다면 반드시 지켜서는 안 되느니라.
하나가 곧 일체요 일체가 곧 하나이니라.

若不如此약불여차인댄　不必須守불필수수니라
一卽一切일즉일체요　一切卽一일체즉일이니라

若不如此약불여차　不必須守불필수수
만약 이 같지 않다면 반드시 지켜서는 안 되느니라.

　　　　불필수수의 불필은 '필요 없다'는 뜻입니다. 성철 스님의 하나뿐인 혈육인 딸이 출가를 결심하고 찾아오자 스님께서는 '불필'이라는 법명을 주십니다. '필요 없는 딸'이란 뜻입니다. 어떻게 딸의 이름을 그렇게 지었을까 하겠지만, 성철 스님과 같은 큰스님들의 뜻을 범부가 이해하긴 힘듭니다. 어쩌면 그렇게라도 부녀의 정을 끊고 자신의 혈육이 더 큰 스님이 되기를 바랐는지 모르지요. 아무튼 불필이라는 말은 지금도 많이 쓰는 말입니다.

234　　약불여차　불필수수　일즉일체　일체즉일

약불여차는 '만약 이와 같은 이치가 아니라면, 만약 이와 같은 안목이 아니라면, 만약 이와 같은 지혜가 아니라면' 이렇게 볼 수 있습니다. 이와 같은 이치, 이와 같은 안목, 이와 같은 지혜가 뭡니까? '유즉시무有卽是無 무즉시유無卽是有, 있음이 곧 없음이요 없음이 곧 있음이라' 의 지혜입니다.

그래서 유즉시무 무즉시유의 이치, 안목, 지혜가 아니라면 불필수수, 반드시 모름지기 지킬 것이 아니다, 이런 뜻이 됩니다. 즉, 유즉시무 무즉시유는 진리라는 말입니다. 그것이 진리가 아니면 깨달음이 아니므로 지킬 필요가 없는 것이지요. 그러니까 유즉시무 무즉시유, 있는 것이 없는 것이고 없는 것이 있는 것의 도리를 모른다면 그것은 진실을 모르는 일이라는 말입니다. 이와 같은 깨달음이 아니라면 그것은 깨달음도 아니며, 이것이야말로 세상 이치가 그렇다는 것을 강조합니다.

약불여차 불필수수는 이렇게 모든 존재의 존재 원리를 아주 간명하게 밝히고 있는 부분입니다.

一卽一切 일즉일체　一切卽一 일체즉일
하나가 곧 일체요, 일체가 곧 하나이니라.

하나는 작은 하나이며 일체는 커다란 전체입니다. 진여법계에서는 하나가 곧 많음이고 많음이 곧 하나로서 하나가 곧 전체이고 전체가 바로 하나라는 말입니다. 『법성게』에 일즉일체다즉일一卽一切多卽一일이라는 말이 있을 만큼, 이것은 부처님 가르침의 핵심이므로 여러 각도에서 그 의미를 살펴보겠습니다.

첫 번째, 생명체적 고찰입니다.

하나가 어떻게 곧 전체일까요? 생명체적으로 생각해 보세요. 요즘의 유전자 감식 기술로는 별것 아닌 것 같은 이 머리카락 하나만 있으면 그 사람이 누군지 다 알 수 있습니다. 손가락 지문 하나만 있어도 누군지 알 수 있어요. 또 어느 한 부분만 아파도 온몸이 다 아파요. 분명 코가 아픈데 머리가 흔들흔들 하면서 몸져누워요. 그러니 일즉일체지요.

그리고 일체즉일, 전체가 곧 하나라고 하였습니다. 온몸이 건강해야지 몸의 온갖 기능이 다 좋아져요. 건강하려면 어떻게 해야지요? 규칙적으로 운동하고 잘 먹고 잘 자면 온몸이 건강해져요. 커다란 전체가 즉 작은 하나가 되는 것입니다.

제가 이십 대부터 붓글씨를 많이 썼어요. 그런데 한 십여 년 전까지만 하더라도 아무리 많이 써도 괜찮았는데, 이제는 붓글씨를 좀 썼다 하면 손가락이 퉁퉁 붓고 만지면 뻣뻣하고 몸이 아파요. 나중에 알고 보니 류마티스성 관절염이었습니다. 그런데 문제는 처음에는 붓글씨는 쓰던 오른손만 아팠는데 나중에는 쓰지 않는 왼손까지 그리고는 온몸이 아프기 시작한 것입니다.

그래서 제가 이러저러해서 손가락이 아프다고 병을 자랑하니까 만나는 법우님들이 이것저것 약을 추천을 해요. 청국장 가루가 좋다는 사람, 죽염이 좋다는 사람, 또 홍삼이 좋다는 사람, 생식이 좋다는 사람 등 몸에 좋다는 건 다 추천받은 것 같습니다. 원래 병은 한 가진데 약은 백 가지가 넘는다는 말이 있지요? 그래서 그중 몇 가지를 먹어 보았는데 약 덕분인지 언제부턴가 손가락 저림이 없어졌어요.

지금은 붓글씨를 하루 네 차례 법당에 나와서 쓰는데도 끄떡없어요. 제 생각에 운동하고 잘 먹어서 온몸이 좋아지니까 몸의 기능 하나하나가 다 좋아진 것 같아요. 일체즉일이 된 거지요.

이렇게 전체가 시원찮거나 또 어느 하나가 시원찮으면, 작은 하나하나도 고통받게 되고 또 전체도 고통받게 되는 겁니다. 일즉일체 일체즉일과 같이 우리 몸이 유기체이기 때문이지요.

두 번째, 사회적 고찰입니다.

사회의 가장 작은 단위가 가정인데, 내가 곧 가정이요 가정이 곧 나입니다. 옛날에는 이대, 삼대 대가족이 함께 사는 경우가 많았습니다. 삼대가 함께 사는 집에 손주 하나가 잘못을 하더라도 그 집안 전체, 삼대가 다 욕을 먹어요. 일즉일체라서 그런 것입니다.

한국불교대학도 마찬가지입니다. 우리 불교대학 가방을 들고 식당에 갔다가 싸움나면 '어떻게 가르쳤기에, 한국불교대학 다니는 사람들은 다 그래…' 하며 한국불교대학 전체가 비난의 대상이 됩니다. 제가 우스갯소리처럼 말한 바가 있는데, '한국불교대학 학생이면 저녁 수업 마치고 도반들끼리 술 한잔하러 가시더라도 가방은 차 트렁크에 넣어 두고 가세요' 하였습니다. 종종 종무소로 항의 전화가 오기 때문에 말씀드렸던 겁니다. 이것도 다 일즉일체라서 그래요.

그러므로 내가 곧 한국이요, 내가 곧 불교대학이요, 내가 곧 가정이다, 이 점을 결코 놓쳐서는 안 됩니다. 조선시대에는 가문을 보고 혼인을 결정했어요. 상당히 일리가 있는 것이, 전체를 보면 그 하나를 알 수 있기 때문입니다. 이렇게 가문을 따지는 것은 동서양을 가리지 않습니다. 외국에서도 가문을 따져요.

한국불교대학이라고 하는 전체가 곧 나, 간단한 문제잖아요. 어렵게 개원했지만 지금은 너무 잘 운영되는 참좋은 어린이집, 참좋은 유치원, 노인전문요양원인 무량수전, 또 인수할 당시 엉망이었다가 지금은 경쟁력이 높아진 참좋은 이서중학교, 참좋은 이서

고등학교 등 우리 한국불교대학이 거창하다는 소문이 나고 칭찬을 들으면 괜히 내가 으쓱해집니다.

그런데 한국불교대학 어느 도량은 별로이다, 소문만 그렇지 별것 없다 하는 소리를 들으면 내 기분이 좋지 않습니다. 자존심도 상해요. 왜겠습니까? 다 일즉일체 일체즉일 하기 때문입니다.

세 번째, 우주적 고찰입니다.

우주적인 면에서 내가 곧 우주요, 우주가 곧 나라는 말입니다.

우리절 다음카페 이름이 '불교 인드라망'입니다. 인드라망이라 하는 것은 중중무진연기重重無盡緣起를 아주 현상적으로 나타내는 말입니다.

초파일이 되면 사찰마다 연등을 답니다. 그 연등을 달기 위해서 등줄을 가로로 세로로 상하로 서로 엇갈리게 쳐요. 그 중의 어느 줄 하나만 잡고 흔들어도 전체가 흔들려요. 하나도 빠짐없이 얼기설기 연결되어 있기 때문입니다. 바로 이것을 인드라망이라고 합니다. 물론 이 인드라망의 넓이는 그 끝을 알 수 없을 정도로 넓습니다.

그리고 이 넓은 인드라망 줄 매듭 매듭마다 구슬을 달았다고 상상해 봅시다. 셀 수 없이 많은 그 구슬 중 하나를 들여다보면 바로 옆의 구슬뿐만 아니라 셀 수 없을 만큼 많은 그 구슬들이 다 비춰서 보입니다. 아주 작은 구슬이라도 모두를 비추어 마치 그 구슬 안에 인드라망 전체가 있는 것처럼 보이지요. 일즉일체입니다.

이와 같이 내가 별것 아닌 것 같아도 우주의 모든 기운을 다 담고 있습니다. 우주가 쏟아내는 빛, 우주가 쏟아내는 공기, 우주가 쏟아내는 많은 에너지를 내가 먹고 살고 있어요. 좀 더 거창하게 말하면 우주가 총출동해서 지금의 우리를 만들고 키우고 있는 겁니다. 햇볕, 공기, 별빛, 달빛, 바람, 밟고 다니는 흙 등등 모든 우주 에너지 중에 나를 지원하지 않는 게 없습니다. 그래서 우주가 곧 나, 일체즉일인 것입니다.

또 내 눈은 언제나 우주를 바라보고 있습니다. 별도 보고, 달도 보고, 해도 보고, 온갖 사람도 보고, 온갖 자연도 보니 우주를 보고 있는 같아요. 또 내 귀는 온 우주의 소리를 듣고 있어요. 또 내 발은 온 우주의 에너지를 밟고 다닙니다. 이렇게 나의 온몸이 우주와 즉해 있습니다. 그러니 내가 곧 우주요, 일즉일체가 되는 겁니다.

네 번째, 수행적 고찰입니다.

수행과 기도의 종류로는 참선, 명상, 독송, 사경, 염불, 절, 간경 등 아주 많습니다. 그 많은 수행 중에서 하나만 잘 잡으면 전체하고 맞먹고 또 전체는 하나와 맞먹습니다. 그래서 염불이 좋으니 기도가 좋으니 참선이 좋으니 고집 피울 이유가 없어요. 각자 하다 보면 자기에게 맞는 수행이 있어요. 앉아있으면 무릎이 아파서 죽을 지경인데 꼭 참선을 고집할 필요가 없지요. 요즘 워낙 참선, 참선 하니 참선만 중요하게 생각할 수 있는데 염불도 참선 못지않게 중요합니다. 기도에 있어서 어느 쪽이 좋다 하는 분별심은 없어져야 합니다.

염불, 즉 부처님 명호를 부르는 것도 마찬가집니다. 어떤 사람은 석가모니불이 좋다, 어떤 사람은 지장보살이 좋다, 어떤 사람은 관세음보살이 좋다, 또 어떤 사람은 아미타불이 좋다 하는데 어느 한 부처님의 명호를 간절하게 부르면 삼매에 들게 되고 결국 그 속에서 다 만납니다. 일즉일체이기 때문입니다.

예를 들어 보통 관음기도를 많이 하는 사람이 관세음보살 기도를 열심히 해서 삼매에 들면 이미 그 안에 지장보살의 대원, 대세지보살의 용기, 석가모니 부처님의 고행 정신, 그리고 문수보살의 지혜와 같은 모든 것이 그 안에 다 있다는 겁니다. 그러니 이 부처님 명호를 불렀다가, 저 부처님 명호를 불렀다가 할 필요가 없습니다. 한 부처님 명호 속에 온갖 부처님의 공덕이 다 있어요. 일즉일체 곧, 하나가 전체가 되기 때문입니다.

萬緣都放下 만연도방하

但念觀世音 단념관세음
此是如來禪 차시여래선
亦爲祖師禪 역위조사선
만 가지 쓸데없는 인연을 다 놓아 버리고
오직 관세음보살만 생각하라.
이것이 여래선이요
또한 조사선이다.

 여래선이니 조사선이니 하는 말을 쉽게 말하면 '이것이 여래의 경지요, 여래의 지위에 들어가는 일이다' 또한 '이것이 조사의 지위, 조사의 경지에 드는 일이다' 하는 뜻입니다. 결국 이 시가 뜻하는 것은 관세음보살님만 열심히 불러도 여래의 경지, 부처님의 경지, 훌륭한 조사 스님들의 경지에 들어가는 일이 된다는 말입니다. 그러니까 복잡하게 안 해도 됩니다.
 기도는 단순하게 어느 하나를 잡고 끝까지 잡념 없이 완전히 몰입해 가는 것이 중요합니다. 저도 또한 기도를 복잡하게 하지 않습니다. 사경하는 것도 관세음을 주로 하지 이것저것 하지 않아요. 일즉일체의 도리를 알게 되면 그렇게 복잡하게 할 이유가 없는 거지요.
 우리 도량에는 참선반, 절수행반, 사경반, 예참반, 다라니독송반, 금강경독송반 등등 정통 수행, 정통 기도 모임이 없는 것 없이 다 있습니다. 이렇게 하나하나 수행 모임이 모여 전체 도량의 기도와 수행이 잘 되고, 도량의 수행과 기도 분위기가 좋으니 수행 모임이나 기도 모임도 흔들림 없이 잘 돌아갑니다. 한국불교대학을 기도 가피가 분명한 도량이라고 말하는 것도 다 이런 이유 때문입니다.

화두를 잡는 것도 그렇습니다. 간혹 어떤 사람은 이 화두 잡았다가 저 화두 잡았다가 합니다. 그러나 화두를 잡는 일은 그렇게 해서는 되지가 않아요.

비사량처 식정난측, 생각으로 헤아릴 곳 아님이라 의식과 망정으로는 측량키 어렵도다, 이 문장을 설명하면서 안수정등 화두를 소개했었습니다.

화두 안수정등에서 올라갈 수도 그렇다고 내려갈 수도 없는 상황에서 살 수 있는 단 한 가지의 방법, '어떻게 하면 살 수 있을까?' 하는 이 물음이 절대적으로 나의 물음이 되어야 합니다. 그 한 가지의 방법을 찾고 나면 다른 것도 다 풀려요. 이 하나만 잘 뚫고 가면 나머지 칠백공안이 다 풀리게 되어 있습니다.

그래서 일즉일체 일체즉일인 것입니다.

다섯 번째, 생각적 고찰입니다.

우리가 일으키는 한 생각 속에 지옥도 있고, 극락도 있고, 온갖 세계가 다 있습니다. 『법화경』에 '일념삼천一念三千 십계호구十界互具'라는 말이 있는데, 일념삼천이란 한 생각 속에 온갖 것이 다 있다는 말입니다. 내가 한 생각을 딱 내는 순간, 그 안에 온갖 것이 다 있어요.

십계호구十界互具는 열 가지 세계가 서로 상호구족하고 있다는 말입니다. 십계는 지옥, 아귀, 축생, 아수라, 인간, 천상, 성문, 연각, 보살, 부처님의 계界를 말합니다. 그런데 이 십계의 하나하나가 서로 다른 아홉 계界를 다 갖추고 있습니다. 즉 낱낱 가운데서 또 전체를 다 가지고 있어요.

내가 인간이라 하지만 인간이라는 존재 속에, 인간의 생각 속에 모든 것을 다 같이 가지고 있어요. 비록 지금의 내가 인간의 몸을 가지고 인간의 생각을 한다고는 하지만, 때로 지옥 같은 생각도 하고 아수라 같은 생각도 합니다. 또 우리는 불법을 배우겠다는 성문의 생각, 참선 기도를 열심히 하겠다는 연각의 생각, 또 내 이웃을 사랑하겠다는 보살의 생각, 부처님의 생각도 합니다. 그래서 한 생각 속에 지옥에서부터 저 극락까지 모든 세계가 다 들어 있다고 하는 것입니다.

그래서 한순간 어떤 생각을 내느냐에 따라서 내 인생이 달라지고 주위 사람들의 삶이 달라질 수 있습니다.

심외무법心外無法, 마음 밖에 달리 법이 없다는 말이 있습니다. 넓게는 생각 밖에 달리 법이 없다, 자기 생각 속에 온갖 것이 다 들어가 있다, 무엇을 생각하느냐에 따라서 그 세계가 형성되는 것이다, 이 말이기도 합니다. 그러니 부디 지금 이 순간, '열심히 불교 공부 하겠다, 부지런히 정진하겠다, 그리고 포교하겠다!' 이 한 생각을 내시기 바랍니다.

여섯 번째, 마음적 고찰입니다.
마음적 고찰의 의미는 다섯 번째 생각적 고찰과 비슷해 보입니다만, 다릅니다.
마음적 고찰, 닦은 내 마음에 온 우주가 같이 들어온다, 온 우주에 내 마음이 다 달려간다, 이러한 의미입니다.

일원상 본 적이 있지요? 하나의 원형, 커다란 동그라미 한 개만 그려놓은 그림을 보셨을 것입니다. 위의 그림이 바로 일원상입니다. 이 일원상은 스님들이 자주 그립니다. 그러면 도대체 일원상에는 어떤 의미가 있기에 스님들이 자주 그리시는 걸까요?

일원상은 바로 마음입니다. 순수한 마음자리, 닦은 내 마음을 표현할 길이 없어서 동그라미 하나로 말하는 것이지요. 그리고 이 마음자리는 완전한 진리의 자리입니다. 완전한 진리의 자리라는 것은 무엇인가, 바로 부처님입니다. 이렇게 일원상이 의미하는 바가 아주 많습니다.

이 일원상을 그릴 때 마음이 하나로 통일되지 않고 조금의 잡념이라도 있으면 삐뚤어집니다. 쉬워 보여도 그렇지가 않아요. 그냥 한 번에 쭈욱 그려 낼 수 있을 것 같지만 그려 내는 그 순간 숨도 안 쉬고 집중해야 합니다. 그렇게 그리려고 숨을 참고 집중하는 그 순간의 마음이 가장 청정한 마음이요, 가장 진리적인 마음이며, 부처님의 마음에 가장 가깝게 접근하는 무심 그대로의 마음인 것입니다. 그래서 닦은 마음이 곧 우주요, 우주 속으로 내 마음이 달려 들어간다고 한 겁니다.

若鏡有垢 약경유구 色相不現 색상불현
若心有垢 약심유구 佛身不現 불신불현
만약 거울에 때가 끼면 색상이 보이지 않듯
마음에 때가 끼면 부처님이 보이지 않는다.

약불여차 불필수수 일즉일체 일체즉일

'나에게는 왜 부처님이 안 나타나실까?' 하지만 다 제 마음 문제입니다. 역시 일즉일체 일체즉일의 도리가 포함되어 있지요.

일곱 번째는 포교적 고찰입니다.
내가 곧 불교요, 불교가 곧 나입니다. 불자 한 사람 한 사람이 있을 때라야 불교가 있는 것입니다.

"포교, 내가 하지 않는데 누가 하겠습니까?"

항상 이 생각이 살아 있어야 합니다. 포교는 불자의 권리이자 의무입니다. 그래서 내가 포교하고 불법을 만난 그 사람이 행복해졌을 때, 내게 보람도 있고 내 의무를 다한 것이 되는 것이지요.
환희수희歡喜隨喜라는 말이 있습니다. 기쁨을 보고 따라서 기쁜 것을 말합니다. 불자는 남의 기쁨을 보면 따라 기뻐하는 마음이어야 합니다. 친구를 포교했는데 그 친구가 불교대학을 다니면서 얼마나 재미나게 공부를 하는지, 또 포교해 준 것에 대해서 얼마나 고맙게 생각하고 기뻐하는지…, 이런 친구를 보면서 자신은 더 기뻐집니다. 보람은 말할 것도 없지요. 물론 어렵게, 어렵게 포교해 놓아도 떨어져 나가는 사람도 많습니다. 그런데 다 키울 순 없습니다. 포교한 백 명 중에서 한 명이라도 불교대학에 입학해 열심히 공부하고 신심 내서 재미있게 살면 그게 성공입니다. 그 단 한 명만 보세요. 기쁜 그 사람을 보면 저절로 환희수희가 돼요. 이것이 환희수희의 법락이고, 우리가 마음먹기에 따라서 이 법락은 우리 것입니다.

포교의 당위성은 나 하나가 전체를 위하고, 또 전체가 나를 에워싸고 있다는 데 있습니다. 나라고 하는 한 사람이 불교대학을 위하고 온 우주를 위하고, 또 온 우주와 불교대학이 나를 지금 에워싸고 있지 않습니까?

지금까지 생명체적, 사회적, 우주적, 수행적, 생각적, 마음적 그리고 포교적인 면에서 일즉일체 일체즉일을 고찰해 보았습니다. 어느 것 하나도 중요하지 않은 것이 없지만 또 하나를 이해하고 실천하면 다른 여섯 가지도 자연히 되게 되어 있습니다.

36

다만 능히 이렇게만 된다면
마치지 못할까 뭘 걱정하랴.
믿는 마음은 둘 아니요 둘 아님이 믿는 마음이니라.

但能如是단능여시하면   何慮不畢하려불필가
信心不二신심불이요   不二信心불이신심이니라

但能如是단능여시   何慮不畢하려불필
다만 능히 이렇게만 된다면 마치지 못할까 뭘 걱정하랴.

단능여시의 여시如是는 이와 같이, 이와 같은 도리, 이런 말입니다. 그리고 이와 같은 도리가 뜻하는 것은 앞에서 공부한 '유즉시무有卽是無 무즉시유無卽是有, 일즉일체一卽一切 일체즉일一切卽一'의 중도의 원리를 말합니다.

그래서 단능여시는 첫째, '이 중도의 원리를 이해하면' 이런 뜻입니다. 이런 중도의 원리가 이해되고 이런 사실에 대해서 자기 살림살이가 굳건해지면 공부를 마치지 못할까 어찌 염려하겠는가, 즉 염려할 것이 없다 또는 그 속에 다 있으니 걱정할 것이 없다는 뜻이 포함되어 있는 겁니다.

단능여시의 두 번째 뜻은 '이렇게만 된다면, 이와 같이만 된다면, 이렇게만 할 수 있다면' 입니다. 어찌 마치지 못함을 걱정하겠는가, 즉 반드시 된다는 말입니다. 이때 이렇게만 할 수 있다면 하는 것은 자기 견해의 확립입니다. 자기 정견이 확립되었다고 볼 수 있어요.

불교적 이상의 경지에 도달하기 위한 여덟 가지의 길, 바른 생활 태도, 또는 실천 덕목을 우리는 팔정도八正道라고 하지요. 이 팔정도는 정견正見, 정사유正思惟, 정어正語, 정업正業, 정명正命, 정정진正精進, 정념正念, 정정正定입니다. 이 팔정도에서 제일 먼저 정견을 만나게 되는데 정견은 바른 견해라는 뜻으로 팔정도에서 가장 중요합니다. 바른 견해라고 하는 것은 바른 방향을 잡았다, 이런 말입니다. 즉 바른 길로 나아가면 바른 성취는 따 놓은 당상이라는 것이지요. 그래서 바른 견해를 확립하고자 불교대학에 와서 공부하고 법문 듣고 하는 겁니다.

如人飲水여인음수 冷暖自知냉난자지
사람이 물을 마시는 것과 같아서 그 물이 따뜻한지 차가운지는 스스로 알 수 있는 일이다.

바른 견해만 확립되면 법맛을 볼 수 있습니다. 그리고 이 법의 맛은 여인음수와 같아요.

지금 제 앞에 물 한 잔이 있어요. 제가 마셔 보겠습니다. 이 물이 따뜻하겠습니까? 뜨겁겠습니까? 차갑겠습니까? 제가 마신 물을 마셔보지 않고는 알 수 없는 일이지요.

단능여시가 바른 견해의 확립이라고 이미 말씀드렸습니다. 그러니까 바른 견해가 확립되면 반드시 물을 마시게 되고, 물을 마시고 나면 그 물이 따뜻한지 차가운지 뜨거운지 알 수 있다는 겁니다. 그래서 일단 정견을 확립한 것은 잘된 일이라는 걸 강조하고 있는 것입니다.

여시如是라는 말은 경전마다 많이 등장합니다. 『금강경』은 '여시아문 일시 불 재사위국기수급고독원…' 이렇게 시작하고, 『법화경』은 '여시아문 일시 불 주왕사성 기사굴산중…' 이렇게 시작해요. 『화엄경』도 마찬가지 여시아문으로 시작을 합니다. 여시는 이와 같이, 즉 이와 같이 들었다 하고 다음에 전개될 부처님의 모든 말씀을 들었음을 강조하기 위함입니다.

그래서 여시는 부처님의 모든 말씀을 총칭하는 말이기도 합니다. 그래서 여시아문如是我聞이라 하면, '진리답게, 진여답게 들었다. 즉 내가 진리를 그대로 다 수용했다. 내가 부처님 말씀을 그대로 다 들었다' 이런 뜻입니다.

그러므로 단능여시의 세 번째 뜻은 '다만 진리답게 된다면, 진리와 같이 내가 수용한다면' 이런 뜻입니다. 사실 진리라 하는 것은 말로 표현할 수가 없어요. 그냥 이와 같다, 그와 같다, 할 뿐이지 속속들이 다 말할 수 없는 것이 말의 한계인 것이지요.

하늘을 아무리 말로 설명한다고 해도 하늘을 한번도 보지 못한 사람에게 완전하게 하늘을 설명할 수는 없는 것이지요. 그래서 하늘이 이와 같다, 땅이 이와 같다, 물맛이 이와 같다, 산천이 이와 같다, 이렇게 말하는 겁니다. 그래서 이 여시, 이와 같다는 말은 나의 모든 분별심과 모든 감정과 모든 차별심을 내려놓은 상태에서의 이와 같다는 말입니다.

단능여시 하려불필 즉, 모든 분별심을 여읜 상태에서 이와 같으면, 이와 같은 줄 알면 어찌 마치지 못할까를 염려하겠는가 이런 얘깁니다.

이처럼 달리 진리를 표현하려니 방법이 없어서 「법화경」에서는 '십여시十如是'라 하였던 것입니다. 참고로 십여시는 여시상如是相, 여시성如是性, 여시체如是體, 여시력如是力, 여시작如是作, 여시인如是因, 여시연如是緣, 여시과如是果, 여시보如是報, 여시본말구경등如是本末究竟等 이 열 가지입니다. 그리고 이것은 모든 존재 그대로의 형상, 그대로의 특성, 그대로의 본체, 그대로의 능력, 그대로의 작용, 그대로의 원인, 그대로의 조건, 그대로의 결과, 그대로의 과보, 그리고 이 아홉 가지가 모든 법에 있어서 구경에는 차별 없이 평등하다, 이렇게 해서 모두 열 가지로 진리를 말하였습니다. 이처럼 여시는 많은 의미를 포함하고 있습니다.

단능여시 하려불필, 진여답게 잘 수용 한다면 어찌 공부를 끝마치지 못할까 염려하겠는가, 여기서의 공부는 수행을 말합니다. 불교에서의 수행은 첫째 참선하는 것, 둘째 기도하는 것입니다. 또 기도에는 많은 갈래가 있지요. 독송하는 것, 정근하는 것, 사경하는 것, 예참하는 것, 절하는 것, 천도하는 것, 주력 즉 다라니 많이 외우는 것도 다 기도입니다. 좀 확대하면 전법하는 것, 포교도 큰 수행이 됩니다. 포교하려고 애쓰다 보면 그 자체가 공부요 수행입니다.

그리고 불교에서 봉사 등의 보살행도 수행입니다. 보살행을 하다 보면 그것이 곧 큰 수행인 줄 알게 되고 바로 이 보살행을 통해서 도를 터득해 가는 사람들을 보살이라 하는 거죠. 그래서 보살의 여섯 가지 덕목 육바라밀六波羅蜜이 등장하는 겁니다. 이처럼 보살행 자체가 큰 수행입니다.

단능여시 하려불필, 중도의 원리를 잘 이해하면, 정견이 잘 확립되면, 진리답게, 진여답게 중도의 원리를 잘 수용하면 마치지 못할까 걱정할 게 없습니다.

信心不二신심불이　不二信心불이신심
믿는 마음은 둘 아니요 둘 아님이 믿는 마음이니라.

우리 불교에서 쓰는 말 가운데 아주 중요한 말이 이 신심信心입니다. 뭐든 열심히 하는 사람을 보고 우리가 '저 사람 신심 있다' 이렇게 말을 하지요.

於諸財物中어제재물중
信財第一勝신재제일승
모든 재물 가운데서
믿음의 재물이 제일 수승하다.

『잡아함경』의 말씀입니다. 우리가 절에 와서 시주를 하고 많은 공덕을 짓는다 하지만 부처님에 대한 믿음, 삼보에 대한 믿음, 이 믿음이야말로 제일 훌륭한 재물입니다.

『화엄경』 현수품에도 믿음에 대한 말씀이 있습니다.

信爲道元功德母 신위도원공덕모
長養一切諸善法 장양일체제선법
신심은 도의 근본이요 공덕의 어머니라
일체의 선한 법을 길러내느니라.

현수 보살이 신심의 공덕과 공능을 읊은 게송의 일부입니다. 이 『화엄경』에서는 52계위 수행 단계의 제일 처음에 신심을 두고 있습니다. 그래서 십신十信, 신심으로부터 들어가서 십주十住, 십행十行, 십회향十廻向, 십지十地, 등각等覺 그리고 묘각妙覺의 자리에 오르게 되는 것입니다. 사실 어떻게 보면 이 신심이 처음이자 마지막 결론으로 볼 수 있지 않을까 생각합니다.

이 신심이라고 하는 것은 부처님과 삼보에 대한 믿음만을 말하는 것이 아니라 둘 아님의 경지에 들어가는 것도 다 신심입니다. 그래서 불이신심不二信心이라 하지요.

스님들이 간혹 밥을 맛있게 먹는 사람에게 '밥을 참 신심 있게 먹는다' 합니다. 밥과 내가 둘이 아닌 하나가 된 거죠. 맡은 일을 열심히 하는 사람을 봐도 '저 사람 신심 있다' 그렇게 말을 합니다.

일을 할 때도 다부지게 열심히 하고, 봉사할 때도 다부지게 열심히 해야 신심 있다는 소리를 듣는 것이지, 억지로 마지못해 하면 신심 없다는 말을 듣게 됩니다. 신심불이 불이신심, 신심 옆에 불이가 붙어 있어요. 즉 둘이 아닐 때라야 신심 있다는 말입니다.

이 신심이라는 말에도 매우 많은 의미가 함축되어 있는데, 그 가운데서 여덟 가지 정도로 요약해서 말씀드리겠습니다.

첫 번째, 신심은 순수의 마음입니다.
무위심無爲心, 억지로 쓰는 마음이 아니라 순수하게 쓰는 마음입니다. 유위심이 아닙니다. 사람이 순수해지면 둘 아님의 자리에 들어가게 되어 있습니다. 본래 있는 그대로를 볼 줄 아는 사람의 마음이 바로 순수의 마음인 겁니다. 누가 무슨 말을 하건 자기 감정을 이입시켜서 곡해하는 사람이 있어요. 신심이 없기 때문이지요. 그것은 상대와 자신이 이미 둘인 자리지요.

옛날 경허 스님의 제자 만공 스님이 법당 소제를 하는데 옆에서 제자 하나가 돕고 있었어요. 그런데 소제하던 만공 스님께서 혼잣말을 하시는 것이었습니다.

"우리절의 부처님은 저렇게 젖통이 크시니, 대중들이 먹고 사는 데는 아무 지장이 없겠다. 대중들이 복이 많다. 부처님 젖 잘 먹겠습니다."

이 말을 들은 제자가 만공 스님께 여쭈었습니다.

"스님, 대중들이 무슨 복이 있어서 저 부처님 젖을 다 먹겠습니까?"

"무슨 쓸데없는 소리!"

"복업을 쌓지 않고 어떻게 부처님 젖을 먹는단 말입니까?"

"너는 어떻게 부처님 젖을 만질 줄은 알면서도 먹을 줄은 모르는가!"

만공 스님의 안목과 제자의 분별심 섞인 안목이 다르다는 것을 보여 주는 일화이지요. 순수해지면 있는 그대로 볼 수 있게 됩니다. 부처님 가슴이 크면 '부처님 젖이 많겠다' 하면 그뿐입니다. 부처님과 내가 하나된 자리에 다른 무엇이 있지 않습니다. 그리고 그것은 억지를 쓰지 않는 자리, 무위심의 자리 즉 하나가 되는 자리인 겁니다. 그래서 순수한 마음을 가지는 것이 결국 신심이 있는 것이지요.

두 번째, 신심은 중도의 마음자리입니다.

이는 내가 공의 마음을 체득했는가, 중도의 마음자리에 들어섰는가 하는 것입니다.

『반야심경』에 '불생불멸不生不滅 불구부정不垢不淨 부증불감不增不減, 생멸이 둘이 아니요 구정이 둘이 아니며 증감이 둘이 아니다' 하는 부분이 있습니다.

같은 맥락으로 『육조단경』에서는 '번뇌즉시보리煩惱卽是菩提 무이무별無二無別, 번뇌가 곧 보리이니 이는 둘이 아니고 다른 것이 아니다' 하였습니다. 또한 이 경에 이르기를 '번뇌와 보리가 둘이 아니요, 생사와 열반이 둘이 아니며 이판과 사판이 둘이 아니고 이법계와 사법계가 둘이 아니며 극락과 지옥이 둘이 아니니라' 했습니다.

이렇게 중도관, 공의 마음을 잘 체득하는 자리가 바로 신심의 자리입니다. 불이의 자리, 갈 곳도 없고 올 곳도 없으며, 얻을 것도 없고 버릴 것도 없는 그 마음자리지요. 우리가 법당에 왔다가 집으로 간다고 하지만 본래로 불래불거不來不去, 온 바도 없고 간 바도 없습니다. 모두 부처님 손바닥 안입니다.

세 번째, 진실의 마음을 말하고 있습니다.

진실한 마음에는 분별 망상이 없습니다. 이것이니 저것이니

할 것이 없지요. 왜냐하면 그 순간 이미 둘이 아니기 때문입니다. 오직 계할 뿐이지요.

우리가 삼귀의를 할 때는 진실한 마음만 있어야지 이것저것 따질 게 없습니다. '나무관세음보살, 관세음보살님께 귀의합니다' 할 때 이것저것 따지면 이미 공부는 그르친 것입니다. 오직 그 진실한 마음으로 관세음보살만 불러야 하지요.

중국의 유명한 스님 중에 현장 스님이라는 분이 있어요. 현장 스님은 경經·율律·논論의 모든 불교 경전에 정통하였다고 해서 삼장三藏 법사라고 불리기도 합니다. 이 삼장 법사가 젊은 시절 당 태종을 만나 의형제를 맺게 된 인연으로 인도까지 가서 십육 년 동안 불법을 공부하고 돌아옵니다.

현장 스님은 수많은 경전을 인도에서 가져와 번역하였는데, 우리가 수시로 독송하는 『반야심경』도 이 현장 스님의 번역본으로 총 260자, 제목을 포함하면 270자인 현장 스님의 번역본 『반야심경』이 가장 훌륭하다고 인정받고 있지요.

젊은 현장 삼장 법사를 처음 만난 자리에서 당태종이 말했습니다.

"짐이 불교를 무척 좋아하지만 스님들 하는 꼴이 마음에 안 듭니다. 그래서 신심이 떨어지는데 어찌하면 좋겠습니까?"

당태종의 말을 듣고 현장 스님이 말했습니다.

"황제시여! 저 곤륜산에 금이 난다는 얘기를 들으셨습니까?"

"예, 금이 납니다."

"그러면 곤륜산엔 금만 나고 돌덩이는 없습니까?"

"돌덩이가 더 많습니다."

"그와 같습니다."

곤륜산에 금이 나면 귀한 금만 볼 뿐, 왜 돌덩어리를 보느냐는 겁니다.

"또 부처님은 나무로 흙으로 쇠로 돌로 만들어지는데 공경하면 복을 받는 일이지만 스스로 무시하고 공경치 아니하면 벌을 받을 겁니다."

맞는 말이지요. 비록 만들어진 부처님이라 할지라도 공경하면 복을 받고 불경하면 벌을 받게 되어 있는 것입니다. 이어서 현장 스님이 말합니다.

"우리가 기우제를 지낼 때 괘불을 내걸지 않습니까? 어디서 무슨 작용으로 비가 오는지는 모르지만 우리가 할 수 있는 모든 수단과 방법을 다하는 것입니다. 스님을 공경하는 이유도 이와 같습니다. 그런 것 없이 이 불교가 어떻게 형성되겠습니까? 스님도 이런 스님, 저런 스님이 있을 수 있는 것입니다. 금만 있고 돌이 없다면 곤륜산이, 곤륜산일 수 있겠습니까? 스님이면 그냥 스님으로 공경하면 됩니다. 그것이 제일 좋은 방법입니다."

그러자 당태종이 일어나 삼배를 하고 의형제 맺기를 청하여 현장 스님이 당태종의 동생이 된 것입니다. 그래서 현장 스님은 당태종의 동생 신분으로 인도를 가게 됩니다. 당태종의 친필 서한을 가지고 인도에 가서 나란다 대학에서 십육 년간을 수학하고 돌아와 그 많은 경전을 번역할 수 있었습니다.

현장 스님이 당태종에게 무엇을 당부하였습니까? '가사 장삼을 수했으면 무조건 스님으로 공경하라'는 것, 이 하나였습니다. 그게 바로 진실한 마음이지요. 우리도 마찬가지, 그냥 그 진실의 마음만 낼 뿐입니다. 가타부타 따지지 않는 게 우리 수행에 가장 좋은 방법인 것입니다.

네 번째, 신심은 깨달음의 마음입니다. 눈 뜸의 자리가 신심불이의 자리입니다.

소림굴에서 면벽수행을 하며 달마 대사는 구 년 동안 제자를 기다리고 있었습니다. 전법이 얼마나 어려운가를 말해 주는 일화죠. 혜가가 달마 대사를 찾아갔을 때는 한참 눈이 오고 있었어요.

가르침을 청하며 굴 앞에 꿇어앉아 달마 대사가 돌아봐 주기를 기다리지요. 그렇게 밤새 기다리다 보니 눈이 가슴까지 차 올랐어요. 새벽녘이 되어 혜가는 이제는 한 번 돌아 봐 주십사는 뜻으로 헛기침을 했습니다.

그러자 달마 대사가 돌아보며 말했습니다.

"하룻밤 눈 속에 앉아있는 것이 뭐 그렇게 대수인가! 법을 얻으러 온 놈이라면 믿음을 내놓아라."

말이 끝나자마자 혜가는 지니고 있던 단도로 자신의 팔을 잘라 눈 속에 피어 있는 파초잎에 싸서 공손히 공양을 올렸습니다. 요즘 누군가에게 믿음을 내놓으라 한다고 이렇게 하는 사람이 있겠습니까? 있다면 도가 터지겠죠.

달마 대사의 '믿음을 내놓으라' 는 말에 온몸을 내던지는 혜가를 보고 달마 대사가 받아들여 공부를 시키는 겁니다. 그런데 이 불교 공부가 만만치 않죠. 스승이 옆에 있는데도 마음이 늘 불안합니다.

"스님, 마음이 늘 불안합니다."

"불안한 마음을 나한테 내놓게."

그러자 혜가가 불안한 마음을 막 찾습니다. 보통 사람들이나 꾀 많은 사람들은 '아이구, 스님! 마음을 어떻게 내어 놓습니까?' 하겠지요. 그러나 불이신심, 둘 아님의 자리에 들어가면 스승이

시키면 시키는 대로 하게 됩니다. 그래서 혜가가 불안한 마음을 찾기는 찾는데 아무리 찾아도 보여드릴 게 없어요.

"스님, 아무리 찾으려고 해도 찾을 수가 없고, 보여 드리려고 해도 보여 드릴 수가 없습니다."

"너는 이미 진여의 본성, 참자아의 자리에 계합하였노라."

제법의 공함을, 불안한 마음이 없다는 것을 너는 이미 깨쳤다는 것이죠. 그래서 '관심일법총섭제행觀心一法總攝諸行, 마음으로 한 법을 관하면 모든 수행을 다 포괄한다'고 하는 겁니다. 관심수행은 마음을 보는 수행을 말해요. '이뭣고'와 같은 화두도 관심수행입니다. 그리고 관세음보살님을 똑바로 관하는 그 상태에서 '무엇이 관세음보살님을 관하는고?' 하는 것도 다 관심수행입니다.

달마 대사께서 제자들에게 요구한 수행의 방법은 관심법, 마음을 보라는 것이었습니다. 마음을 보는 그 자리가 바로 제법의 공한 도리를 깨치는 자리죠. 이처럼 신심이란 깨달음의 마음, 눈뜸의 자리가 되는 것입니다. 그러니까 혜가 대사가 오직 신심 하나로 자기 스승을 찾아서 제자가 되었고, 신심 하나로 불안한 그 마음을 찾으라는 스승의 말대로 마음을 찾으려고 노력하였던 것입니다. 바로 그 자리가 신심불이의 자리인 것이지요. 스승과 나,

스승의 가르침과 나, 이것이 둘이 아닌 자리로 들어갈 때 신심불이인 것입니다. 이처럼 완전한 신심불이의 자리는 바로 깨달음의 자리, 이 말입니다.

다섯 번째, 신심은 성취의 마음입니다.
성취의 마음에는 둘이 있을 수가 없습니다. 또 신심이라고 하는 그 자리에는 너와 나, 따로 있을 수가 없어요. 그래서 불이의 자리라고 하지요.
서양 종교에 '믿음은 산도 움직인다' 라는 말이 있습니다. 믿음, 신심을 강조한 것이지요. 그러나 불교에서 말하는 신심, 믿는 마음은 산을 움직이는 정도가 아니라 아예 산과 하나가 되는 믿음을 말해요. 믿음만 있으면 산을 움직이는 게 문제가 아니라 산과 하나가 되어 버리니 더 말할 게 없는 겁니다. 이렇게 불교적인 믿음이라 하는 것은, 다른 종교에서 말하는 믿음과는 차원이 다른 성취의 믿음입니다.
매일 아침 드리는 사시예불 중에 원성취진언이 나오지요?

옴 아모카 살바다라 사다야 시베 훔
옴 아모카 살바다라 사다야 시베 훔
옴 아모카 살바다라 사다야 시베 훔

모든 중생들이 다 성취를 갈망하는데 성취함에 있어서는 부처님과 내가 둘이 아님의 자리이기도 하지만 지극정성하면 누구나 그 마음 바탕은 같습니다. 누구에게나 성취가 있을 수 있어요. 다만, 그리 되자면 둘 아님의 자리에 들어가야 되고 둘이 있을 수가 없다는 것이지요.

부처님의 안목으로는 성취라고 하는 것이 모두 평등합니다. 안경 낀 사람이 기도하는 것이나, 안경 안 낀 사람이 기도하는 것이나 성취하는 것은 똑같겠지요. 그런데 옛날 사람들은 그렇게 생각하지 않았습니다. 안경 낀 사람을 조금 모자라는 사람으로 생각했어요. 이것은 다만 선입견일 뿐이지요. 그래서 안경 낀 사람의 기도나 안경 안 낀 사람의 기도가 같고, 아이의 기도나 어른의 기도가 똑같습니다.

참좋은 어린이집이나 참좋은 유치원의 원생들이 옥불보전에 와서 손을 모으고, '부처님, 저에게 세 발 자전거 한 대 주시면 안 될까요?' 하고 기도하는 것이나 어른들이 천배, 이천배 하면서 '부처님, 이번에는 꼭 아파트 좀 마련할 수 있게 해 주십시오' 하는 기도나 부처님에게는 둘이 아닌 겁니다. 이처럼 남자의 기도나 여자의 기도가 다를 바가 없는 것이고, 또 몸집이 좋은 사람이나 바싹 마른 사람의 기도가 같아요. 돈이 있는 사람의 기도나 돈이 없는 사람의 기도나 간절한 그 마음자리에서는 다 같다, 이 말이지요. 또한 재가 불자의 기도나 스님의 기도나 다 같아요. 스님의 기도라 해서 부처님이 더 봐주시고 하는 것은 없습니다.

오직 신심불이 불이신심, 둘이 아닌 믿음이 그 기도의 성취를 가능하게 할 뿐입니다. 그래서 성취의 마음은 바로 신심불이의 자리라는 얘기입니다.

여섯 번째, 신심은 절대의 마음입니다.

『반야심경』 구절 중에 '시대신주是大神呪 시대명주是大明呪 시무상주是無上呪 시무등등주是無等等呪' 하는 부분이 있습니다. 시무등등주, 등급 없는 등급의 주문 즉, 절대적이라는 말입니다. 절대적이라는 것은 선도 생각지 않고 악도 생각하기 이전의 그 마음 상태가 절대의 마음입니다.

우리가 다라니를 외우고 진언을 외울 때, 특히 다라니를 외울 때는 다라니를 이것저것 해석하는 것은 아주 위험합니다. 왜냐하면 다라니를 해설하고 진언들을 해설하는 것은 다 중생의 분별심에서 하는 것이기 때문이지요. 불이신심이라고 하는 절대적인 믿음의 세계에서는 그러한 문자적 해석이나 이론 같은 것이 필요치 않습니다. 믿음만 있으면 아무 설명도 필요 없이 그 사람을 그냥 보면 그만입니다. 그러한 믿음이 전제되지 않고 믿음이 없다 보면 온갖 설명이 필요하게 되죠. 온갖 이론을 갖다 붙여야 되고 온갖 말을 갖다 붙여야 해요. 그런데 믿음만 있으면 그런 것이 전혀 필요 없게 됩니다.

그래서 우리가 진언이나 신묘장구대다라니를 외울 때는 오로지 거기에 집중해서 절대의 마음자리에 들어가면 되는 것입니다.

육조 혜능 스님은 오조 홍인 대사로부터 법을 전수받고 의발을 가지고 그곳을 탈출합니다. 그리고 의발을 빼앗기 위해 쫓아오는 무리를 피해 대유령 고갯길을 넘지요. 그런데 대유령 고갯길까지 쫓아온 장군 출신의 혜명 스님이 도망가는 혜능 스님을 향해 소리쳤습니다.

"네 이놈! 행자야, 그 의발을 놓고 가거라." 고함을 질러대니까 두려워진 혜능 스님이 의발을 바위 위에 올려놓고 풀숲에 숨습니다. 그리고 그 의발을 발견한 혜명 스님이 다가와서 번쩍 드는데 의발이 바위에 붙어버렸는지 떨어지지를 않았어요. 가사와 발우의 무게가 무거우면 얼마나 무겁겠습니까? 그런데도 장군 출신의 스님에게 꼼짝도 않는 것이었습니다.

놀란 혜명 스님이 말했습니다.

"행자여, 나는 법을 위하여 온 것이지 가사 때문에 온 것이 아닙니다."

이 말을 들은 혜능 스님이 풀숲에서 나와 반석 위에 앉았어요. 그런 혜능 스님을 보고 혜명 스님이 절을 하며 법을 청하였습니다.

"바라건대 행자는 나를 위하여 법을 설하여 주십시오."

그 말을 들은 혜능 스님이 말했습니다.

"선도 생각하지 말고 악도 생각하지 말라不思善 不思惡."

선도 생각하기 전의, 악도 생각하기 전의 그 절대의 마음자리를 잡아라, 그 말을 하고 있는 것입니다. 그래서 믿음이 있으면 불이가 되고, 불이를 향하는 그 마음이 바로 믿음이요, 그 자리가 바로 절대의 마음자리입니다.

일곱 번째, 신심은 행복의 마음입니다.

중생은 왜 불행하겠습니까? 모두 탐진치, 삼독 때문에 그렇습니다. 그 세 가지 독이 얼마나 끈질기고 끈질긴지 우리 행복의 갈 길을 계속 장애하는 것입니다. 불행의 씨앗이 탐진치 삼독심이고, 이는 다 분별 망상에서 비롯됩니다.

반면에 둘 아님의 신심, 불이신심 또는 신심불이, 믿는 마음이 둘 아닌 그 자리에서는 분별 망상이 개입될 수가 없습니다. 분별 망상이 개입되지 않으므로 탐진치가 일어나지 않고, 탐진치가 일어나지 않음으로 불행이 자초되지 않아요. 그래서 탐진치가 없는 마음은 바로 행복의 마음입니다.

　부부를 따지고 보면 엄연히 남편과 아내, 둘입니다. 부모와 자식도 둘입니다. 그러니까 사실 둘이지만 하나가 되어 보자, 일심동체가 되어 보자 하는 겁니다. 이렇게 불이는 각각의 개성은 존중하면서 둘의 공통분모를 찾는 겁니다. 절 집안에서는 은사와 상좌의 관계가 바로 부모 자식 간하고 비슷합니다. 모든 걸 다 버리고 절에 와서 은사 하나만 의지해서 살아가는 데가 절이거든요. 그러나 은사와 상좌 사이에도 자기 욕심, 자기 진심, 자기 치심 때문에 불행해지는 수가 있어요. 은사와 상좌도 둘이지만 둘이 아닌 그 도리 속에서 살아가야 문제가 없는 것입니다.

　묘허 큰스님께서 법문 하실 때 꼭 쓰시는 말씀이 있습니다.

因緣會遇時인연회우시 **果報還自受**과보환자수
인연이 만나질 때, 반드시 그 과보를 스스로 거둔다.

　과보가 없는 것 같아도 과보는 반드시 있습니다. 다만, 그 도리를 망각하면 막 살게 되지요. 그런데 둘 아님의 믿는 마음, 둘 아님의 믿음에 들어가면 이런 일이 없어져요. 그래서 우리가 신심이라 할 때 진짜 신심은 행복의 마음까지 연결되는 것이지요. 불행의 씨앗이 없어진 그 자리, 탐진치 삼독심이 떨어진 그 자리, 그 자리는 산을 만나면 산과 하나가 되고 사람을 만나면 사람과 하나가 됩니다. 그 자리가 바로 불이신심의 자리요, 행복의 자리가 되는 것이지요.

여덟 번째, 신심은 부처님의 마음자리입니다.
우리가 믿는다는 것은 마음이 믿는 것이지요. 그럼 무엇을 대상으로 믿는 것인가? 마음을 대상으로 믿는 것입니다. 즉 마음이 마음을 믿는 것입니다. 그러니까 믿는 마음과 믿을 대상의 마음, 이 두 개의 마음이 서로 통하는 겁니다. 그것이 불이의 마음입니다. 곧 둘 아님의 자리요, 그 자리가 부처님의 마음자리다, 이 말입니다.

어느 날 귀종 선사에게 상좌가 찾아와 무릎을 꿇고 여쭈었습니다.
"스승님, 어떤 것이 부처입니까?"
"내가 말한다면 내 말을 믿겠느냐?"
"예. 은사 스님께서 말씀하시면 저는 반드시 믿을 것입니다."
"내가 말하면 진짜 믿겠느냐?"
"진짜 믿습니다."

"내가 말한다면 진짜 믿겠느냐?"

"진짜 믿습니다."

"바로 믿는 마음, 그 자리가 바로 부처의 마음이니라."

바로 믿음, 그 자리가 부처님 마음자리입니다. 신심불이 불이신심, 부처님과 하나됨의 자리가 신심의 자리요 그 자리가 바로 부처님 마음이지요.

信能超出衆魔路 신능초출중마로
信能歡喜入佛法 신능환희입불법
信能生長菩提樹 신능생장보리수
信能示現一切佛 신능시현일체불
信能必到如來地 신능필도여래지

믿음은 능히 뭇 마구니의 길에서 훌쩍 뛰어넘게 하고,
믿음은 능히 환희롭게 부처님 법에 들게 하며,
믿음은 능히 보리 나무를 생장하게 하고,
믿음은 능히 일체 부처님을 다 나타내 보이며,
믿음은 능히 반드시 여래지에 도달하게 한다.

『화엄경』 현수품에 나오는 말씀입니다.

신능필도여래지, 믿음은 여래의 지위에 도달하게 한다고 하였습니다. 우리가 보살의 수행단계인 52계위에서도 믿음이 가장 밑바탕입니다. 묘각이라고 하는 부처님 경지에 올라가기 위해서 가장 먼저 밟아야 하는 계단이 신심인 것입니다.

신능시현일체불, 믿음은 능히 일체 부처님을 다 나타내 보인다는 것은 믿음만 있으면 부처님을 볼 수 있다는 말입니다. 그리고 신능생장보리수 믿음은 능히 보리 나무를 생장하게 고, 신능환희입불법 믿음은 능히 환희롭게 부처님 법에 들게 하며, 신능초출중마로 믿음은 능히 뭇 마구니의 길에서 훌쩍 뛰어넘게 한다 하였습니다.

좀 더 자세하게 살펴보면 신능시현일체불, 믿음이 능히 부처님을 보게 한다는 말은 부처님의 가피를 입을 수 있다는 뜻입니다. 믿음 있는 사람이 부처님 가피를 입는 겁니다. 신능생장보리수, 믿음이 보리 나무를 키운다고 하는 것은 정진하게 한다, 이런 뜻입니다. 또 신능환희입불법, 믿음이 부처님 법에 들게 한다는 것은 공부하게 한다는 뜻이지요. 불교대학에 나와 공부하는 것도 믿음이 있기 때문에 할 수 있는 겁니다. 신능초출중마로, 믿음이 모든 마장을 극복할 수 있는 힘을 주지요. 마지막으로 신능필도여래지, 끝내 믿음은 바로 부처님 되게 한다, 놀랍게도 믿음만 있으면 이 모든 게 가능합니다.

신심은 순수의 마음이요, 중도의 마음이요, 진실의 마음이며 깨달음의 마음입니다. 또한 성취의 마음이자 절대의 마음이요, 행복의 마음이며 끝내는 부처님의 마음자리입니다. 신심, 믿음 이 하나가 이렇게 좋을 수가 없습니다.

37

언어의 길이 끊어져서
과거 미래 현재가 아니로다.

言語道斷언어도단하여　非去來今비거래금이로다

言語道斷언어도단　非去來今비거래금
언어의 길이 끊어져서 과거 미래 현재가 아니로다.

　　　　언어도단이란 언어의 길이 끊어졌다, 말의 길이 끊어졌다는 뜻입니다. 이를 앞에서 공부한 신심불이 불이신심과 연결하여 다시 보겠습니다.

　　信心不二신심불이요　不二信心불이신심이니
　　言語道斷언어도단하여　非去來今비거래금이로다
　　믿는 마음은 둘 아니요 둘 아님이 믿는 마음이니,
　　언어의 길이 끊어져서 과거 미래 현재가 아니로다.

믿음은 둘 아니요 둘 아님이 믿는 마음이라, 둘 아님의 마음자리에 들어갔다면 언어의 길이 끊어졌다, 이 말입니다. 한마디로, 믿음만 있으면 언어도 소용없고 세월도 초월한다는 말입니다.

좀 더 구체적으로 말씀드리면, 말이 필요 없는 자리이기 때문에, 즉 말의 한계를 넘어서서 있는 자리이기 때문에 언어도단이라는 말을 쓰는 것입니다. 불이신심 신심불이의 둘 아님의 자리이기 때문에 이것저것 따지지 않는 자리입니다.

사람과 사람 사이에 서로 믿음만 있다면, 둘 아님의 자리에 들어갔다면 이미 분별심은 없어졌습니다. 분별심이 없어져야지 완전한 신심의 자리, 믿음의 자리가 되는 것이지요. 그러니까 말이 더 필요 없는 겁니다.

그래서 분별을 따라가면 과거 미래 현재가 있지만, 분별심이 사라지면 과거 미래 현재가 없다는 말입니다. 분별이 있으면 너와 내가 있게 되어 불이가 될 수 없습니다. 그러나 분별을 따라 가지 않으면, 분별심이 없어지면 너와 내가 둘이 아님의 자리에 들어갔으므로 언어의 길이 끊어지고 과거 미래 현재라고 하는 세월을 초월하게 되는 것입니다.

그래서 이 언어도단의 자리를 한마디로 말하면 참마음자리입니다. 참마음이라야지 서로 교감이 되지 않습니까? 그래서 참마음자리는 다 한마음이므로 과거 미래 현재라고 하는 마음이 따로 있을 수가 없어요. 마음이라 하는 것은 세월을 초월하는 겁니다.

過去心不可得 과거심불가득
現在心不可得 현재심불가득
未來心不可得 미래심불가득
과거의 마음도 잡을 수 없고
현재의 마음도 잡을 수 없고
미래의 마음도 잡을 수가 없다.

『금강경』에서 말하는 완전한 마음의 자리가 이러합니다. 이처럼 완전한 참마음자리는 세월을 관통해 버립니다.

그래서 참마음자리는 바로 신심입니다. 참마음은 이처럼 언어도 초월하여 말이 통하지 않아도 얼마든지 둘 아님의 자리에서 만날 수 있어요. 우리가 다라니를 외우는 것처럼 서양 사람들도 똑같이 다라니를 잘 외웁니다. 한국에서 출가한 외국 스님들도 다라니를 외울 때는 마음이 다 하나로 모아져요. 왜냐하면 다라니는 분별을 초월한 부처님의 언어이기 때문에 언어의 길이 끊어지는 것이지요.

우리가 똑같은 말을 하더라도 이 사람과 저 사람이 이해하는 바가 달라요. 제가 천 명의 사람들에게 법문을 하더라도 그 천 명의 사람들이 이해하는 바가 다 다릅니다. 그런데 완전한 참마음자리는 그런 언어의 한계를 초월해요. 그러니 언어의 길이 끊어진 거지요.

언어의 길만 끊어지느냐, 과거 미래 현재라고 하는 세월도 초월합니다. 참마음자리는 늙는 법이 없어요. 연세 많은 분들이 '내가 나이는 좀 먹었지만 마음은 아직 청춘이다' 합니다. 이처럼 마음이라 하는 것은 젊지도 늙지도 않고 늘 그 자리에 있을 뿐이지요.

언어라고 하는 것은 사고에서 비롯됩니다. 그리고 중생의 사고, 중생의 생각을 버린다는 것은 분별심을 버린다는 말입니다. 인간이 자기 생각만 버리면 세월을 초월할 수 있어요. 과거 미래 현재가 아님이라는 것이 그 뜻입니다.

시간이 본래 없는데, 시간이 느껴지는 것은 다 자기 분별 망상의 업 때문입니다. 시간이라고 하는 한계만 없으면 우리는 영원을 사는 것인데, 그렇다면 시간이 없는 그 세계에 들어가는 방법이 없겠습니까? 시간이 없는 세계에 들어가는 특별한 장치, 그게 바로 수행입니다.

예를 들어 관세음보살을 지극정성으로 외워 보세요. 언제 하루가 다 갔는지도 모릅니다. 바로 그런 경험들이 비거래금입니다. 과거 현재 미래의 마음이, 그 세월이 싹 없어지는 거지요. 또 화두를 잡고 골똘하게, 깊이 있게 생각에 들어가면 시간이 어떻게 가는 줄 모르고 날밤을 새워도 피곤하지 않아요. 염불삼매나 화두삼매에 경험이 많은 사람은 이미 시간을 잊어버렸기 때문에 늙지 않습니다. 과거 현재 미래라고 하는 마음을 초월해서 살 수가 있어요. 바로 진리의 세계에 들어가 버리는 것이지요.

진리의 세계는 본래 공간이 없고 세월이 없습니다. 언어의 길이 끊어지려면 분별 망상이 끊어져야 하고, 분별 망상이 끊어지려면 관세음보살을 외우든지 다라니를 외우든지 화두를 잡든지 선관쌍수를 하든지 수행의 길에 접어들어야 합니다.

그리하여 언어의 길이 끊어지면, 사고에서 나오는 언어의 길이 끊어지면 과거 미래 현재를 초월하게 되는 거죠.

제가 쓴 '천 개의 태양보다 밝은 빛'은 달마 대사에 대한 글입니다. 거기 보면 많은 세월 전에 달마 대사와 현재의 주인공이 서로 만나는 장면이 나옵니다. 그게 다 언어의 길을 넘어서서, 과거 현재 미래라고 하는 세월을 넘어서서 만난 것입니다. 어쩌면 한국불교대학에 입학해서 이 『신심명』을 공부하기 위해 만난 것도 말로는 어떻게 설명이 안 되는 과거 현재 미래가 만나는 그런 이치에 의해서겠지요.

이렇게 신심, 믿는 마음에는 세월도 초월하고 나이도 초월하고 모든 공간도 초월하는 그런 이치가 있습니다. 그러니 작정하고 한번 공부해 보십시오. 또 이 경전 공부와 함께 염불삼매 또는 화두삼매 수행을 꼭 겸해서 하시기 바랍니다. 주무시기 전에 부처님 명호를 부르면서 잠들고 또 일어나면서 '관세음보살' 하고 일어난다면 그야말로 스물네 시간 부처님과 함께 하시는 것 아니겠습니까!

오랜 시간 동안 『신심명』을 함께 공부하고 비로소 마쳤습니다. 『신심명』은 시종일관 중도를 얘기하였는데, 과연 이 중도관은 현재를 사는 우리에게 어떤 의미가 있겠습니까?

한번 곰곰이 생각하여 보시고, 부디 지혜로운 삶을 사시는 우리 법우님들이 되시기를 축원드립니다.